Walter Betzendörfer

Hölderlins Studienjahre im Tübinger Stift

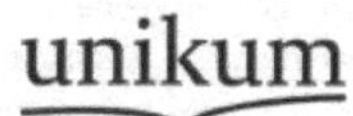

Walter Betzendörfer

Hölderlins Studienjahre im Tübinger Stift

ISBN/EAN: 9783845743905

Erscheinungsjahr: 2012

Erscheinungsort: Bremen, Deutschland

www.unikum-verlag.de | office@unikum-verlag.de

Walter Betzendörfer

Hölderlins Studienjahre im Tübinger Stift

Hölderlins Studienjahre im Tübinger Stift

Von

Dr. phil. Walter Betzendörfer,

Repetent am Stift in Tübingen.

Verlegt bei Eugen Salzer in Heilbronn

1922

Vorwort.

Die folgende Abhandlung will ein Stück der Lebensgeschichte Hölderlins darstellen, die Zeit, da er zusammen mit Hegel und Schelling in den Mauern des Tübinger Stifts weilte. Es ist nicht meine Absicht, die Entwicklung der Dichtung Hölderlins in dieser Zeit zu schildern — sie steht auf einem andern Blatte geschrieben. Wer sich darüber orientieren will, den weise ich auf die Arbeiten von Wilhelm Dilthey, R. Grosch, E. Lehmann, K. Viëtor und Fr. Zinkernagel hin.

Wenn es mir gelang, das schöne Buch von J. Klaiber, „Hölderlin, Hegel und Schelling in ihren schwäbischen Jugendjahren", Tübingen 1877, das auch ich dankbar benützt habe, in einigen Punkten zu ergänzen, so ist mein Zweck erreicht. — Allen denen, die mir dabei behilflich waren, danke ich: der Tübinger Universitätsbibliothek, der Württembergischen Landesbibliothek in Stuttgart, dem Schillermuseum in Marbach und dem Ephorat des Stifts. Für mannigfache Anregung bin ich zu besonderem Danke verpflichtet den Herren Professor Dr. H. H. Borcherdt in München, Schriftsteller K. E. Hoffmann in Zollikon bei Zürich und Stadtpfarrer Dr. Leube in Backnang.

Tübingen, den 15. August 1921.

Der Verfasser.

Verzeichnis der Abkürzungen.

A.D.B. = Allgemeine deutsche Biographie 1875 ff.

Athen. = Athenäum berühmter Gelehrter Würtembergs 1829.

Binder = Wirtembergs Kirchen- und Lehraemter. I. Theil, II. Abschnitt. 1799.

Böck = A. Fr. Böcks Geschichte d. herzogl. würtenberg. Eberhard Carls Universität zu Tübingen. 1774.

E.-Gr. = Ersch und Gruber, Allg. Encyklopädie der Wissenschaften und Künste 1818 ff.

Eisenlohr = Sammlung der württ. Schulgesetze, III. Abt. Univ.-Gesetze von Th. Eisenlohr. 1843.

Fritz-Schneiderhan = Baugeschichte des Tübinger Stifts von F. Fritz und A. Schneiderhan. 1919.

Gradmann = Das gelehrte Schwaben, hrsg. v. J. Gradmann. 1802.

Haug, G.W. = Das gelehrte Wirtemberg v. Balthasar Haug, 1790.

Haug, Zust. = Zustand der Wissenschaften und Künste in Schwaben. 1781.

Hirzel = Sammlung der württ. Schulgesetze, II. Abt. Gesetze für die Mittel- und Fachschulen bis 1846 v. C. Hirzel.

Klaiber = Hölderlin, Hegel und Schelling in ihren schwäbischen Jugendjahren von J. Klaiber. 1877.

Klüpfel = Geschichte und Beschreibung der Universität Tübingen von K. Klüpfel. 1849.

Lehmann 1909 = Hölderlins Hymnen an die Ideale der Menschheit v. E. Lehmann, Jahresbericht des Obergymnasiums zu Landskron in Böhmen 1909.

Litzmann, C. = Fr. Hölderlins Leben. In Briefen von und an Hölderlin von Carl C. T. Litzmann. 1890.

P.R.E. = Realencyclopädie für protest. Theologie, 2. Aufl. 1877—88.

Reinhard = Schwäbisches Museum, hrsg. v. J. M. Armbruster. I. 1785 (Einige Berichtigungen und Zusätze . . . . über das theol. Stift in Tübingen).

Schmoller = Die Anfänge des theol. Stipendiums in Tübingen unter Herzog Ulrich von O. Schmoller. 1893.

Schnurrer = Erläuterungen der würtemb. Kirchen-Reformations- und Gelehrten-Geschichte von Chr. Fr. Schnurrer. 1798.

Schwab = Fr. Hölderlins sämtl. Werke, hrsg. v. Chr. Th. Schwab. 1846.
Seebaß = Hölderlin, Sämtliche Werke, histor.-krit. Ausgabe von Norbert von Hellingrath und Friedrich Seebaß. 1913.
St. 1704 = Summarischer Extract einiger in das Hochfürstl. Stipendium zu Tübingen ausgeschriebener .... Rescripten, Decreten, Recessen und Resolutionen. 1704.
St. 1752 = Statuten des Fürstl. Theol. Stipendiums zu Tübingen. 1752.
St. 1757 = Hochfürstlich. Visitations Recessus für das Stipend. Theol. zu Tübingen. 1757.
St. 1793 = Erneuerte Statuten für das Herzogl. theol. Stift zu Tübingen. 1793.
U = kurzer Auszug aus den Statuten ... der Univers. Tübingen. 1783.
Weizsäcker = Lehrer und Unterricht an der ev.-theol. Fakultät der Universität Tübingen v. C. Weizsäcker. 1877.
Zeller = Ausführliche Merckwürdigkeiten der Universität und Stadt Tübingen von A. Chr. Zellern. 1743.

Inhalt.

I. Das Stift im 18. Jahrhundert und Hölderlins Stellung zu ihm.

Am Fuße des Schloßbergs, durch Weingärten vom Neckarufer getrennt, lag einst das Kloster der Tübinger Augustinermönche. Im Jahr 1547 oder 48 hatte der Herzog Ulrich dieses Gebäude als Wohnsitz den Studenten seines „Stipendiums" überwiesen. Diese Stiftung hatte der Herzog ein Jahrzehnt zuvor begründet[1]): dadurch, daß er die Stadt Stuttgart verpflichtete,[2]) auf ewige Zeiten drei Stuttgarter Bürgersöhne und „armer, frommer Leut Kinder, ains vleissigen, christenlichen gotzferchtigen Wesens und anfangs und zu Studieren geschickt", auf der Landesuniversität Tübingen zu unterhalten und auf jeden jährlich 25 Gulden zu verwenden.

Dieses Kloster wurde für Jahrhunderte die Bildungsstätte der württembergischen Theologen[3]) und höheren Lehrer. Durch Mauern und „Bärengraben" äußerlich abgeschlossen von der Welt, aber im Geiste allen modernen Regungen und Bewegungen geöffnet, eine „feste Burg des württembergischen Protestantismus" [4]) und des schwäbischen Wesens,[5]) der Ort, an dem so viele württembergische Denker und Dichter ihre Studienjahre verlebten.

Hier zog auch Hölderlin im Herbst 1788 ein. Das Stift hatte damals im großen ganzen dieselbe Gestalt wie heute. Nur war es in üblem Zustand. Türen, Fenster und Fußböden waren verdorben, das ganze Gebäude war „fast aller Orten schadhaft".[6]) B. Haug schreibt in seinem Buch: „Zustand der Wissenschaften und Künste in Schwaben" 1781, S. 706, vom Stift: „Das Gebäude gibt . . . dem Institut wenig Ansehen, und würde, wenn man es in neueren Zeiten aufgeführt hätte, eine in aller Rücksicht veränderte Gestalt haben. Sein äußerliches erregt besonders, wo es an die obere Stadt stößt, auch innerhalb des Hofs Widerwillen ... Die Zimmer sind meistens altväterisch und unbequem eingerichtet, diejenige ausgenommen, welche in unseren Zeiten ihrer Baufälligkeit und anderer Ursachen willen verändert und neu gebaut wurden". Das Inspektorat des Stifts berichtet am 11. Mai 1789[7]) dem Herzog Karl Eugen: „Wir freuen uns .... auf das innigste, daß der Zeitpunkt nahe zu seyn scheint, da E.[ure] H.[erzogl.] D.[urchlaucht] gdst. geruhen wollen, das alte winkelichte, und an Bequemlichkeit, Heiterkeit und Reinlichkeit so mangelhafte Stipendien Gebäude durchaus verbessern, und mit dem Geschmak und den Bedürfnißen des Zeitalters, hinter welchem es weit zurüke geblieben ist, in ein näheres Verhältnis sezen zu lassen. Ja, wir können uns den ehrfurchtsvollen Wunsch nicht versagen, daß es E. H. D. gdst. gefallen möge, zugleich auf die innere Anlage und Verfassung der Anstalt, die einer mannigfaltigen Verbesserung gar sehr bedörfen möchte, und die ohnehin bey einer Hauptveränderung im Gebäude verschiedene Modificationen wird erfahren müssen, landesväterliche Rüksicht zu nehmen, damit ein Ganzes zu Stande gebracht werde, das unter dem Einfluß des göttlichen Segens wieder für die nächsten Jahrhunderte zweckmäßig und zulänglich seyn möge!"

Was die innere Einteilung des Hauses z. Zt. Hölderlins betrifft, so war der größte und weitaus wichtigste Raum desselben die im Erdgeschoß untergebrachte sog. „Kommunität", der heutige Speisesaal. Hier wurden Inspektoren und Ephorus in ihr Amt eingesetzt, hier kam man morgens zum Gebet zusammen, hier versammelten sich die Stiftler sonntags zum gemeinsamen Kirchgang, hier wurden die Mahlzeiten eingenommen, hier hielten die Repetenten ihre Repetitionen, hier fanden die musikalischen Übungen statt. Hier studierten viele Stiftler.[8]) Am östlichen Ende des Saals befindet sich der „Herrentrippel", auf dem ehemals Superattendenten, Ephorus und Prokurator des Stifts speisten,[9]) während die

Stipendiaten unten auf ihren Holzbänken („Schrannen") saßen. — In den oberen Stockwerken des Hauses befanden sich die Studierstuben und Schlafkammern der Stiftler. Die (mit gebrannten Plättchen belegten) Gänge der verschiedenen Stockwerke nannte man „Sphären". Aus „Sphäre" entstand der noch heute in diesem Sinne gebrauchte Ausdruck „Spehr". Man unterschied [10]) im „Alten Bau": die Sachsen-, die Wiedertäufer-, die Junkersphäre, im „Neuen Bau": die Mömpelgarder-, die Jäger- und die (nach ihren „gewöhnlichen" Bewohnern [11]) so genannte) „Rattensphäre".

Hölderlin wohnte jedenfalls zu der Zeit, da die Briefe Nr. 44 und 45 (bei C. Litzmann) geschrieben wurden (November 1790), in der Jägersphäre im zweiten Stock. In dem ersten der genannten Briefe berichtet er, daß Hegel und Schelling mit ihm das Zimmer teilen. Von diesem schreibt er: „Das Zimmer ist eins der besten, liegt gegen Morgen, ist ser geräumig, und schon auf dem zweiten Stokwerk. Sieben von meiner Promotion sind drauf". Der folgende Brief beginnt mit den Worten: „Da mach' ich mich auf in meinem düstern Stüblein, seze mich ans Fenster, blike gegen Morgen, meinem lieben Nürtingen zu". Nach diesen Angaben wohnte Hölderlin (zusammen mit Hegel und Schelling) im Wintersemester 1790/91 auf der sog. „Augustinerstube", der einzigen „geräumigen" Stube unter den nach Osten gelegenen Zimmern des zweiten Stocks. Die übrigen gegen Osten gelegenen Zimmer des zweiten Stocks waren: ein kleines Sommer-Museum und eine Repetentenschlafkammer. Übrigens berichtet der Biograph Schellings, daß dieser im Wintersemester 1790/91 in der Augustinerstube gewohnt habe. Das Schlafzimmer Hölderlins war damals wahrscheinlich auf dem sog. „Ochsenstall", einem großen Raum des fünften Stocks, gegen Süden gelegen, mit Aussicht auf den Neckar und den inneren Hof. Das Zimmer hatte seinen Namen von den „Ochsen", den jüngsten Semestern, die urspr. dort schliefen. Magenau schreibt in einem poetischen Brief an Neuffer vom 15. November 1790 abends 9 Uhr: [12])

„Nur hie und da erschallt der Ochsenstall von Holzens
Centaurähnlichem Poeten Schritt, wenn allenfalls aufs
Wörtchen: Fluch Tal:
Der schwere Reim ihm noch gebricht. Auch sieht ihn oft der
welke
Möhrd in deinem Schlafrock durch des hohen Stalles
nidre Fenster Pforte bliken, gen Himmel schaut er, ob
ihm nicht des Gottes Salbung möcht hernider fließen." —

Nur dreizehn von den auf die verschiedenen Sphären verteilten Zimmern waren heizbar.[13]) Dementsprechend wohnten im Winter auf jeder Stube durchschnittlich 10 Studierende beieinander. B. Haug klagt über die unreine Luft, derentwegen täglich verschiedene Male geräuchert werden müsse. Das Inspektorat schreibt am 11. Mai 1789:[14]) „Die bisherige Verfassung mit den Winterstuben und Sommermusaeis hat mehrere unleugbare Unvollkommenheiten. Die Stipendiaten sizen des Winters dem größeren Theile nach so gedrängt beisammen, daß Mancher nicht weiß, wie er einen Brief schreiben soll, ohne daß ein Anderer darein sehe; daß der Eine am Ofen von der Hize geplagt wird, und der Andere am Fenster friert; daß der Eine hinter dem Ofen nicht Licht genug hat zu lesen oder zu schreiben, und ein Anderer zunächst der Thüre von jedem Aus- oder Eingehenden Beschwerlichkeit leidet. Dadurch wird Mancher veranlaßt, sich lieber auf einer kalten Kammer in der Entfernung von Anderen aufzuhalten; um der Kälte willen bedient man sich eines Kohlenfeuers, oder errichtet gar einen eigenmächtigen, gefährlichen Ofen, man raucht Tabak, es finden sich Andere dabey ein, und so entsteht dann wohl auch ein Spiel".

Im Sommer wohnten die Stiftler in 45 kleineren Kammern, den sog. „Sommermuseen". Dieselben waren nur mit 2 bis 4 Bewohnern belegt.[15]) — Mit den Schlafkammern war es am Ende des 18. Jahrhunderts übel bestellt. Sie waren zwar im allgemeinen nur von 2 bis 3 Stipendiaten belegt, lagen aber meist dem inneren Hof und dem „Bärengraben" (gegen

Norden) zu und waren in baulicher Beziehung sehr verwahrlost. Das Inspektorat berichtet über sie am 11. Mai 1789:[16]) „Die dermaligen Schlafkammern sind äußerst schlecht, durchaus ohne bretternen Boden, und meistens nicht einmal gegen eindringenden Wind, Regen und Schnee hinlänglich gesichert ... Eine Verbesserung der Plätze zum Schlafen ist also das nächste und dringendste Bedürfnis". Der Landoberbauinspektor Groß stellte 1788 diese Schlafräume elenden Gefängnissen gleich und folgerte daraus, daß unter solchen Umständen manchem jungen Menschen die Lust zum Studieren vergehen müsse.[17])

Wie kam es, daß trotz dieser Ungunst der äußeren Verhältnisse das Stift eine solche Quelle geistigen Lebens für das Württemberger Land wurde? Es lag einerseits an dem Ziel, das dieser Anstalt gesteckt worden war, und es lag andererseits an der Art, wie dieses Ziel erstrebt wurde, m. a. W. an der Organisation des Stifts.[18]) Der Zweck, dem das Stift dienen sollte, ist am schönsten ausgedrückt in jener Inschrift, die 1669 über dem inneren Stiftstor angebracht wurde: „Aedes Deo et Musis sacrae".[19]) Wohl war das letzte Ziel des Stifts immer ein theologisches gewesen: es wollte junge Leute fertig machen, das Evangelium in Kirche und Schule zu verkündigen. Aber jener württembergische Herzog, der sich um die Förderung des Stifts so sehr verdient gemacht hat, war sich wohl bewußt, daß dieses Evangelium, dessen ewige Gültigkeit ihm feststand, doch jeder Generation auf immer neue Weise verkündigt werden muß, daß mithin jede Theologie, die nicht unverstandene Formeln vortragen will, in Beziehung zu treten hat zur weltlichen Bildung ihrer Zeit und zu den Grundlagen dieser Bildung. Diesem Prinzip getreu hat das Stift sich von jeher allen modernen Bewegungen aufgeschlossen.

Auch die Organisation des Stifts hat zu den Erfolgen der Anstalt wesentlich mitgewirkt. An der Spitze des Ganzen stand das Inspektorat. Es bestand aus den Superattendenten (zwei Theologieprofessoren) und dem Ephorus, urspr. Magister Domus genannt (einem Professor der philosophischen Fakultät).

Die Inspektoren hatten über Fleiß und Betragen der Zöglinge zu wachen und ihnen bei ihren Studien beratend zur Seite zu stehen. Superattendenten waren z. Zt. Hölderlins: Ludwig Joseph Uhland und Gottlob Christian Storr, beides Doktoren und Professoren der Theologie (s. u.).[20]) Ephorus war Christian Friedrich Schnurrer,[21]) o. ö. Professor an der philosophischen Fakultät,[22]) einer der bekanntesten Alttestamentler und Orientalisten seiner Zeit. Schnurrer wurde zu Cannstatt im Jahre 1742 geboren. Er studierte, nachdem er die Klosterschulen von Denkendorf und Maulbronn besucht hatte, im Tübinger Stift, war nach dem ersten theologischen Examen kurze Zeit Vikar in seiner Vaterstadt und begab sich dann auf wissenschaftliche Reisen. In Göttingen, wo er zu dem Orientalisten J. D. Michaelis und dem Kirchenhistoriker Ch. W. F. Walch in Beziehung trat, wurde er Mitglied des dortigen Repetenten-Kollegiums, das als Seminar künftiger akademischer Lehrer eben begründet worden war. Auch in Jena und Leipzig trat er in Beziehung zu den damaligen Größen der theologischen und speziell der alttestamentlichen und orientalischen Wissenschaft, besonders zu J. J. Reiske und J. A. Ernesti. In Berlin verkehrte er mit W. A. Teller und A. F. Büsching und studierte in der Handschriftensammlung der Kgl. Bibliothek. In Holland hielt er sich besonders in Leyden und Amsterdam auf und besuchte den Orientalisten Jakob Schultens und den klassischen Philologen D. Ruhnken. Auch nach England und Frankreich kam Schnurrer auf seinen Reisen. Er arbeitete in der Bibliothek des Britischen Museums, besuchte die Universitäten von Oxford und Cambridge und traf mit B. Kennicott zusammen. 1770 reiste er nach Paris, schloß Freundschaft mit J. J. Griesbach und wurde selbst mit Rousseau bekannt. Im selben Jahr kehrte er mit literarischen Schätzen beladen in die schwäbische Heimat zurück. Während seiner Abwesenheit war er zum Repetenten am Stift ernannt worden. 1772 wurde er a. o. Professor an der Tübinger Universität, 1775 o. Professor an der philosophischen Fakultät und zwei Jahre darauf Ephorus des Stifts. Unter seinem Ephorat wurde

1792 das Stift umgebaut und 1793 eine neue Stiftsordnung eingeführt. Er wußte seinen Schutzbefohlenen manche Erleichterungen zu verschaffen. Von seiner milden und gerechten Amtsführung zeugen alle Inspektoratsberichte jener Zeit. In dem vom 11. Mai 1789 heißt es: „Überhaupt trägt der Ephorus kein Bedenken, freimütig zu bekennen, daß er bei solchen Stipendiariis, die bei ihm einmal in der Achtung stehen, daß sie nicht Wirthshäuser und anderen unerlaubten Dingen nachgehen, auch in Rücksicht auf das Ausbleiben, viele Nachsicht gebraucht, um durch eine solche liberalere Behandlung auch andere zur Beobachtung eines gesezten und wohlanständigen Betragens anzureizen und hingegen seine Aufmerksamkeit in diesem Stücke vornehmlich auf diejenige richtet, von denen er glauben muß, daß sie die Zeit ihres Ausbleibens an unschicklichen Orten und bei unnützen und unerlaubten Dingen zubringen." Schnurrer erkannte — soviel geht aus allen seinen Berichten deutlich hervor — mit klarem Blick alle Mißstände im damaligen Stift und wirkte nach Kräften mit, sie abzustellen. Wenn das damals nicht in vollem Umfang geschah, und wenn besonders die persönliche Freiheit der Stiftler auch nach der Stiftsordnung von 1793 für unser Empfinden noch sehr beschränkt blieb, so war es gewiß nicht seine Schuld. Selbst C. Fr. Reinhard, der sonst nicht gut auf Schnurrer zu sprechen ist, hebt hervor, daß Schnurrer als Ephorus die „Freiheit im Denken" in keiner Weise hinderte. Er schreibt im „Schwäbischen Museum" [23]) J. M. Armbrusters: „Der gegenwärtige Ephorus befördert die Freyheit im Denken, soviel er kann, d. h. er hindert sie nicht .... Man darf lesen, was man will, und man würde nichts zu befürchten haben, wenn man auch über Voltairen betroffen würde." — Als akademischer Lehrer hielt Schnurrer alttestamentliche und neutestamentliche Vorlesungen und unterrichtete in der arabischen Sprache. Seine Schüler schätzten an ihm die Gewissenhaftigkeit, mit der er sich auf seine Vorlesungen vorbereitete, die Art, wie er sich vollkommen in das Denken und Empfinden der Orientalen einzuleben wußte, ganz besonders aber, daß er als ein freier Denker in der Erklärung der Schrift „eigene, neue Wege" ging.

Unter den Schülern, die Schnurrer für alttestamentliche und orientalische Studien gewann, ragen außer **Schelling** hervor: der spätere Stiftsephorus und Tübinger Professor J. Fr. **Gaab** und H. E. G. **Paulus**, der Gegner Schellings, der 1851 als Professor und Geh. Kirchenrat in Heidelberg starb. Daß auch **Hölderlin** von Schnurrer angeregt wurde, zeigt seine Magisterarbeit: „Parallele zwischen Salomons Sprüchwoertern und Hesiods Werken und Tagen",[24]) die er seinem Ephorus widmete.

Als Schriftsteller behandelte Schnurrer besonders die Gebiete der alttestamentlichen Textkritik und Exegese und der arabischen Literaturgeschichte. Um die Geistesgeschichte Würtembergs machte er sich hochverdient durch seine „Erläuterungen der Wirtembergischen Kirchen-, Reformations- und Gelehrten-Geschichte" 1798. Seine wissenschaftliche Bedeutung wurde im In- uns Ausland gewürdigt: 1795 erhielt er einen Ruf an die Universität Leyden, in diese Zeit fällt auch seine Ernennung zum Mitglied des Institut de France und zum Dr. theol. der Universität Würzburg. 1806 wurde er Kanzler der Tübinger Universität, erster Professor der Theologie und Prälat. Nachdem er noch 5 Jahre im Ruhestand verbracht hatte, starb er am 10. November 1822.

Während Superattendenten und Ephorus außerhalb des Stifts wohnten, wurde die stündliche Aufsicht im Hause von den (6—9) Repetenten, den magistri repetitionis (im Gegensatz zu den magistri vulgares) geführt. Sie galten als „die rechte Hand" oder als „das Aug" der Superattendenten.[25]) Zu Repetenten sollten nur solche Leute ausgewählt werden, die eine öffentliche philosophische und theologische Disputation gehalten, ein vorbildliches Leben geführt hätten und eine gewisse „prudentia in agendo" besäßen.[26]) Sie waren angewiesen, die Stipendiaten zu beaufsichtigen und, wenn nötig, sie „in Liebe und Freundschaft" zurechtzuweisen.[27]) Sie waren den Stiftlern „Führer und Freund"[28]) in einer Person. Nur um wenig älter als die übrigen Stipendiaten, wohnten sie mit diesen zusammen auf denselben Zimmern. An sie konnten sich die Studierenden in persönlichen und wissenschaftlichen Fragen wenden. Ihre wichtigste Aufgabe bestand in der Abhaltung der theologischen, philosophischen, philologischen und naturwissenschaftlichen Repetitionen. Dabei hatten sie sich über die Kenntnisse der Zöglinge „in artibus, autoribus et theologicis" zu vergewissern. Außerdem mußten sie ursprünglich jedes Vierteljahr, später jedes Semester die Stiftler examinieren und locieren.[29]) Die Repetenten hörten hie und da noch theologische Vorlesungen von Professoren. Es war ihnen aber auch gestattet, mit Erlaubnis des Inspektorats selbst private Collegien im Stift zu halten.[30]) Äußerlich waren die Repetenten von den gewöhnlichen Stipendiaten unterschieden durch ihre langen Flügelkutten, einem Überbleibsel aus früherer Zeit, in denen sie bei Tisch erscheinen mußten, und durch die langen Mäntel, die sie über den Kutten trugen, wenn sie ausgingen.[31]) Der Wochenrepetent (Repetens hebdomadarius) führte während des Morgengebets und der Mahlzeiten die Aufsicht, notierte die fehlenden Stiftler, inspizierte die Küche, nahm Klagen über die Kost von seiten der Stipendiaten entgegen und verhandelte dann mit dem Prokurator darüber.[32]) Der Wochenrepetent leitete den sonntäglichen Kirchgang,[33]) visitierte die Krankenstube[34]) und verwahrte nachts die Torschlüssel.[35])

Der älteste der Repetenten,[36]) der „als Professor aestimiret" wurde,[37]) hatte in alter Zeit wohl gar als „Collega" und Stellvertreter des Ephorus gegolten.[38])

Alle Repetenten zusammen bildeten den schon seit alters bestehenden „Senat".[39]) Er setzte sich ursprünglich aus dem Ephorus als Vorsitzenden und den Repetenten sowie besonders bevorzugten Stipendiaten als Mitgliedern zusammen und war befugt, geringere Vergehen zu ahnden. Seit 1757 hieß er „Repetentensenat", tagte alle 6 Wochen und hatte die Aufgabe, das Ephorat über den Zustand des Stifts zu unterrichten, er umfaßte Repetenten, Senioren und je einen mit guten Zeugnissen versehenen Magister aus jeder Jahresabteilung.

Bei dem oft nur geringen Altersunterschied zwischen Repetenten und gewöhnlichen Stiftlern ist es verständlich, daß diese sich zuzeiten gegen die Anweisungen der Repetenten auflehnten oder mit ihnen allerhand Schabernack spielten. Einem amtlichen Bericht des Inspektorats vom 24. Nov. 1788 (S. 113) entnehmen wir folgende heitere Geschichte:[40]) „Als .... am 14. dieses Monats die Repetenten den gewöhnlichen sogenannten Martinigansschmaus auf der Kanzleistube des Abends angestellt hatten, so ward die Person, welche die gebratene Gans von der Küche hinauf zu Tisch bringen wollte, nebst einer andern, die mit einer Laterne leuchtete, auf der Sachsensphäre von einigen vermummten Personen plötzlich angehalten, und nachdem zuvörderst die beigehende Laterne zerschlagen worden, der gebratenen Gans mit Gewalt beraubt. Sodann wurden in der Nacht vom 15ten auf den 16ten mehrere Exemplare eines ohne Zweifel auswärts zu Reutlingen oder Rottenburg gedruckten, auf diese Begebenheit sich beziehenden Zettels auf den Straßen der Stadt ausgestreuet, auch noch eines und das andere handschriftliche Pasquill auf die Repetenten auswärts angeheftet. So sehr wir nun wünschten, daß dieser Muthwille nicht ungestraft dahingehen möchte, indem, ohne auf den unmittelbaren Gegenstand desselben zu sehen, zu befürchten ist, es möchten dergleichen Vermummungen in dem des Nachts nirgends erhellten und durchaus finster gelassenen Gebäude des Stipendiums mehrmals versucht und zu noch bedenklicheren Tätigkeiten angelegt werden; so sind wir doch bis jetzt nicht im Stande gewesen, einige sichere Kennzeichen aufzubringen, auf welche sich eine weitere Untersuchung dieses Vorfalls mit einiger Aussicht auf einen sicheren Erfolg nur einigermaßen anstellen lassen könnte. Wir müssen es also vor der Hand dabei bewenden lassen, das Factum selbst E. H. D. u. einzuberichten."

Aus der Zahl der Repetenten, die zur Zeit Hölderlins am Stift wirkten, ragen hervor:

Christian Adam Dann (Repetent 1788—1793),
Christoph Gottfried Bardili (Repetent 1788—1790),
Johann Friedrich Gaab (Repetent 1788—1791),
Carl Philipp Conz (Repetent 1789—1792),
Carl Immanuel Diez (Repetent 1790—1791) und
Friedrich Gottlieb Süßkind (Repetent 1791—1793).[41])

Christian Adam Dann,[42]) geboren 1758 in Tübingen als Sohn des dortigen Bürgermeisters und Hofgerichtsassessors, kam 1777 ins Stift, war nach seinem Examen Klosterprofessoratsvikar in Bebenhausen und wurde 1788 Repetent am Stift. Er sagte von seiner Repetentenzeit: „Auch hier [im Stift] wurde mir der Umgang mit den Studierenden eine sehr nützliche Schule für mein Herz. Mit Vergnügen denke ich an jene Stunden zurück, die ich mit einigen Studierenden der erbauenden Schriftbetrachtung widmete". — Später wurde Dann Diakonus in Göppingen (1793) und in Stuttgart an der Leonhardskirche (1795). Er war einer der bedeutendsten Prediger seiner Zeit. Von religiösem Feuer durchglüht wußte er durch tiefernste Predigten seine Hörer zu begeistern. Wenn der große, hagere Mann kraftvoll „wie aus Erz gegossen" auf der Kanzel stand und freimütig alles tadelte, was ihm mißfiel, so habe sich niemand der Wucht seiner Rede verschließen können, zumal da man wußte, daß dieser Mann gegen sich selbst noch strenger war als gegen andere.

Als Dann 1812 am Grab eines Schauspielers, der ein „Liebling des damaligen Publikums" war, sich einige Worte der Kritik über die in einem solchen Beruf „verschleuderte Gnadenzeit" erlaubte, kam er als „intoleranter Zelot" in Verruf, wurde bei Hof verdächtigt und zur Strafe nach Öschingen im Oberamt Tübingen versetzt. Nachdem er noch einige Jahre in Mössingen als Pfarrer tätig gewesen war, wurde der Fünfundsechzigjährige auf eine Bittschrift seiner Stuttgarter Gemeinde hin als erster Diakonus (an die Stiftskirche) nach Stuttgart zurückberufen, wurde 1825 erster Stadtpfarrer an der Leonhardskirche und starb als solcher 1837. Den charaktervollen Mann kennzeichnet am besten ein Ausspruch, den er einmal in einer Predigt tat: „Man muß die Wahrheit predigen, und wenn man sich zur Stadt hinauspredigt; man muß die Wahrheit predigen, und wenn man sich vom Amte predigt; man muß die Wahrheit predigen, und wenn es einem den Kopf kostet".[43])

Ein Gegenstück zu dem bescheidenen Praktiker Dann war der selbstbewußte Theoretiker Bardili.

Christoph Gottfried Bardili,[44]) geboren 1761 zu Blaubeuren, ein Vetter Schellings, war nach seiner Studienzeit, die er im Stift verbrachte, Vikar in Kirchheim u. T., machte eine Reise nach Italien, kam 1788 als Repetent ans Stift. Hölderlin hörte seine Vorlesung: „De usu scriptorum profanorum in Theologia."[45]) Auch sonst mag Hölderlin von Bardili, dem klassisch gebildeten Freund griechischer Philosophie und Verehrer Platons angeregt worden sein. 1790 wurde Bardili Professor der Philosophie an der Karlsschule, 1795 ord. Professor am Stuttgarter Gymnasium. Er veröffentlichte Schriften aus den Gebieten der Ethik, Logik, Metaphysik und Geschichte der Philosophie und beteiligte sich an Stäudlins Musenalmanach. Seine bekanntesten Werke sind: Sophylus oder Sittlichkeit und Natur als Fundamente der Weltweisheit 1794; Epochen der vorzüglichsten philosophischen Begriffe 1788; Allgemeine praktische Philosophie 1795; Ursprung des Begriffs von der Willensfreiheit 1790 und: Grundriß der ersten Logik 1800. Bardili starb 1808.

Zu gleicher Zeit mit Bardili kam als Repetent ans Stift: Johann Friedrich Gaab.[46]) Er war 1761 in Göppingen geboren, besuchte die Klosterschulen von Blaubeuren und Bebenhausen, kam 1779 ins Stift, war nach seinem Examen eine Zeitlang Hofmeister im Kanton Appenzell, wurde 1788 Bibliothekar und bald darauf Repetent am Stift, 1792 außerordentlicher und 1798 ordentlicher Professor an der Tübinger Universität (extra senatum). 1806 wurde er zum Mitglied des Senats und zum Ephorus des Stifts ernannt, war seit 1814 Bibliothekar der Universitätsbibliothek, später Prälat und Generalsuperintendent von Tübingen.

Gaab veröffentlichte Schriften aus den Gebieten der alttestamentlichen Wissenschaft und der Kirchen- und Dogmengeschichte. Bekannt wurden seine „Abhandlungen zur Dogmengeschichte der ältesten griechischen Kirche bis auf die Zeiten Clemens von Alexandrien," 1790, sowie seine „Apologie Papst Gregors VII.", 1792. Von 1793 bis 1808 gab er die Tübinger Gelehrten Anzeigen heraus.

Von allen Repetenten übte zweifellos den größten Einfluß auf Hölderlin aus: Carl Philipp Conz.[47])

Als Sohn des Amtsschreibers Johann Philipp Conz am 28. Oktober 1762 zu Lorch geboren, besuchte Conz die Lateinschule in Schorndorf und die Seminare von Blaubeuren und Bebenhausen, studierte seit 1781 im Stift. Als Kind war er ein Gespiele Schillers. Später befreundete er sich mit K. Fr. Reinhard und K. Fr. Stäudlin. 1783 promovierte er zum Magister der Philosophie. Nach seinem Examen war er Vikar in Adelberg, Welzheim und Zavelstein. Schon in jungen Jahren trat er als Schriftsteller und Dichter hervor. Er gab 1782 ein Drama: „Konradin von Schwaben" heraus, 1785 ließ er „Schildereyen aus Griechenland", 1786 das erste (und einzige) Heft einer wissenschaftlichen Zeitschrift: „Beyträge für Philosophie, Geschmack und Litteratur" erscheinen. Am 27. August 1789 schlug der Ephorus Schnurrer der Behörde Conz als Repetenten vor, er wieß auf Conzens „lenksame und willige Gemütsart" und auf die „natürliche Anlage seines dichterischen Genies" hin und faßte sein Urteil über ihn zusammen in den Worten:[48]) „M. Carl Philipp Conz besitzt .... ganz ausgezeichnete Naturgaben; vornehmlich ist er in der classischen Litteratur, besonders der Griechischen, sowie überhaupt in den Litteris elegantioribus wohl bewandert, hat zugleich keine geringe Kenntnis der orientalischen Sprachen, und der übrigen zu einer gelehrten Auslegung der heiligen Schrift erforderlichen Hülfsmittel, ist auch in der alten und neuen Philosophie, sowie in den neueren Sprachen nicht fremd, und überhaupt in Rücksicht auf Talente und Geschicklichkeit ein vorzügliches Subjectum." Auf diesen Bericht wurde Conz 1789 als Repetent ans Stift berufen. Seine Studenten, unter ihnen Hölderlin, liebten und verehrten ihn sehr. Hölderlin schreibt mit Beziehung auf ihn im November 1790 an seine Schwester:[49]) „Mein Repetent ist der beste Mann von der Welt". Conz muß in der Tat eine liebenswürdige Persönlichkeit gewesen sein: mitteilsam, gesellig, freigebig, etwas empfindlich, aber „ebenso schnell zum Vergessen und selbst zum Mitscherzen bereit".[50]) Hölderlin hörte im Sommer 1790 Conzens Vorlesung über die Tragödien des Euripides.[51]) Auf der Liste derer, die auf die Ausgabe von Conzens Gedichten vom Jahre 1792 subscribierten, findet sich auf S. 7 außer den Namen Hegels und Neuffers auch derjenige Hölderlins. Für die Entwicklung Hölderlins kommt Conz in erster Linie als „eifriger Prophet des Griechentums", besonders als Verfasser der „Schildereyen aus Griechenland" in Betracht. Z i n k e r n a g e l macht in seiner „Entwicklungsgeschichte des Hyperion" 1907[52]) darauf aufmerksam, daß die in diesem Bändchen enthaltene Novelle „Byblis" für die Ausgestaltung des Ur-Hyperion vermutlich nicht ohne Bedeutung war. In der Vorrede zu den „Schildereyen" schreibt Conz: „Was mich am meisten anzieht, sind entweder die kolossalischen Schönheiten der Morgenwelt, oder mehr und öfter die großen Anfänge der Menschenkraft unterm schönen jonischen Himmel, auf jenen lieblichen Inseln, im Lande, das die Mutter Cytherens ward, weil es das Land der Schönheit und ihr großer allgemeiner Altar war, ich meine — Griechenland."

Erfüllt von demselben Geist, der Hölderlins „Griechenland" durchweht, mit Hölderlin vereint in wehmütigem Verlangen nach dem entschwundenen Land der Sehnsucht — klagt er in seinem Gedicht: „Phantasieflug nach Griechenland" (1782):

„Ihr, Dionens hocherkorne Söhne,
Ach ihr waret! — Nur verschwebte Töne
Hallen von den Zauberinseln her:

Eure schönen menschlichen Gefühle
Starben; eure unbefangnen Spiele
Euer Frohsinn — sind nicht mehr.

Euer Thatenleben kehrt nicht wieder:
Lang verhallt sind eure Feyerlieder,
Eure Helden deckt Vergangenheit.
Eure Weihrauch dampfenden Altäre,
Eure Tempel, Eurer Götter Ehre
Schlang hinab der Schlund der Zeit.

Da wo sie im ernsten Wandelgange
Ihre Fluten wälzt im Wogendrange,
Hängt mein Auge wehmutsvoll gebannt:
Ach Äonen werden noch vergehen
Völker sterben, Länder neu entstehen;
Aber nie ein Griechenland."

Auch die gemeinsame Begeisterung für die französische Revolution verband Conz mit Hölderlin und seinen Freunden.

Nach seiner Repetentenzeit war Conz Prediger an der Karlsschule, dann Diakonus in Vaihingen a. E. und Ludwigsburg. 1804 wurde er Professor für klassische Literatur, 1812 Professor der Beredsamkeit an der Tübinger Universität. Als Vertreter der Literaturgeschichte las er über Platon, Aristophanes und über die griechischen Tragiker, über Tacitus, Seneca und Horaz. Über seine Art zu lehren schreibt Gustav Schwab:[53]) „Viele Männer unsres Schwabenlandes von mittlerem Alter erinnern sich von ihren Tübinger Studienjahren her recht wohl eines mit Fett gepolsterten Kopfes, dem die Wangen zu Mund und Augen kaum Platz ließen. Der ganze dicke Leib rührte sich nur schwerfällig, und die Lippen brachten, in Gesellschaft oder auf dem Katheder Töne hervor, die mit Mühe sich zum Artikulierten steigerten. Aber wenn der Mann ins Feuer kam und die blauen Augen freundlich zu leuchten begannen, so lösten sich die Worte allmählich verständlicher von der sich überschlagenden Zunge: feine Bemerkungen, gewürzte Scherze, sprühende Funken Geistes, selbst tiefere Gedanken und gelehrte Untersuchungen ließen sich unterscheiden, und man konnte dem stammelnden Lehrer der Beredsamkeit das Zeugnis des alten Poeten nicht versagen: In uns waltet ein Gott, sein regend Bewegen erwärmt uns".

Als Dichter ist Conz von Klopstock, Kleist, Matthisson und Schiller beeinflußt. Eine wissenschaftliche Reise führte Conz schon 1792 zu Klopstock nach Hamburg und zu Schiller nach Jena. Schiller schätzte seinen Jugendfreund und stand in dauerndem Verkehr mit ihm. Mit Uhland war Conz innig befreundet. Hölderlin erwähnt den Namen Conzens ab und zu in seinen Briefen. Am 2. November 1797 schreibt er an seinen Bruder:[54]) „Mache doch einmal einen Gang nach Vaihingen zu Helfer Conz. Es wird Dich sicher nicht reuen, seine Bekanntschaft gemacht zu haben, und ich denke, er wird Dich auch recht lieb gewinnen. Versichere ihn meines innigsten Andenkens, und dank' ihm in meinem Namen für den schätzbaren Gruß, den er mir durch Neuffer geschickt, und für die freundliche Aufnahme meines Hyperion". Conz verkehrte bis zu seinem Tod mit Hölderlin.[55]) Er starb am 20. Juni 1827.

Ein Jahr nach Conz (1790) trat Carl Immanuel Diez[56]) in das Repetenten-Kollegium ein. Er war ein Sohn des Tübinger Professors der Medizin C. Ph. Diez, wurde geboren 1766 zu Stuttgart, wo sein Vater Hofmedikus war,[57]) besuchte die Tübinger Lateinschule und die Bebenhäuser Klosterschule. Er wohnte als Hospes im Hause des Professors Schelling,[58]) wurde 1783 ins Stift aufgenommen und promovierte 1785 zum Magister der Philosophie. Er scheint sich als Repetent besonders mit Kantscher Philosophie beschäftigt zu haben. Leutwein nennt ihn[59]) einen „Kantschen enragé". Diez ging 1792 zur Medizin über.[60])

Derselben Jahresabteilung wie Diez gehörte Friedrich Gottlieb Süßkind[61]) an. Süßkind, ein Urenkel Joh. Albr. Bengels, wurde zu Neuenstadt a. K. 1767 geboren. Mit 16 Jahren schon kam er ins Stift. Nach kürzerer Vikariatszeit machte er eine wissenschaftliche Reise, die ihn nach Göttingen, Helmstedt, Berlin, Halle, Leipzig und Jena führte. 1791 kam er als Repetent ans Stift und blieb 2½ Jahre dort. Nachdem er dann noch eine Zeitlang als Stadtvikar in Stuttgart tätig gewesen war, wurde er 1795 Diakonus in Urach. 1798 kehrte er als Professor der Theologie nach Tübingen zurück.

Als Schüler Storrs wurde er „ein fester Pfeiler der älteren Tübinger Schule". Seine Publikationen behandeln Gegenstände aus den Gebieten der Apologetik, Dogmatik und Religionsphilosophie. Die Verdienste, die er sich als Kirchen- und Schulmann erwarb, waren größer als seine wissenschaftlichen Leistungen. 1805 wurde er Oberhofprediger und Konsistorialrat, bald darauf Feldpropst und Oberstudienrat. Die 1809 eingeführte Liturgie war sein Werk. 1812 trat Süßkind als Direktor des Oberstudienrats an die Spitze des gesamten höheren Schulwesens. Er starb am 12. November 1829.

Es war ein bunt zusammengewürfeltes Kollegium von geistlichen und weltlichen Herren, das zur Zeit Hölderlins im Stift seines Amtes waltete und die Schar der Stiftler in ihren Studien beaufsichtigte und leitete. Nicht bloß die wissenschaftlichen Übungen, vielmehr noch das stete Zusammenleben von Repetenten und Studierenden — die Repetenten wohnten mit den Studierenden zusammen, in besonderen „Cabinetten", die in die Stuben eingebaut waren — brachte es mit sich, daß die Geistesrichtung der Repetenten und die von ihnen vertretenen Ansichten oftmals einen weit nachhaltigeren Einfluß auf die jungen Gemüter ausübten, als die Professoren der theologischen und philosophischen Fakultät.

Durch das Repetenteninstitut war den Studierenden Gelegenheit geboten, sich bei Leuten, die ihnen im Alter nahestanden, Aufschluß zu holen in Fragen, die ihnen beim Studium aufgestiegen waren. Die Einrichtung der Repetitionen beugte der Gefahr vor, daß die Studierenden unverstandene Worte und Sätze, die sie in Vorlesungen gehört oder in Büchern gelesen hatten, auswendig lernten, denn die Aufgabe der Repetenten bestand gerade darin, sich zu vergewissern, ob die

Stipendiaten das, was sie in den Vorlesungen gehört hatten, auch wirklich verstanden hätten.

Infolge der Repetitionen und der immer wiederkehrenden Prüfungen war es möglich, die Zöglinge ihren Kenntnissen entsprechend zu werten und sie nötigenfalls auf vorhandene Lücken aufmerksam zu machen. Da über jeden Stifler, ehe er sein Abschlußexamen vor dem Konsistorium in Stuttgart ablegte, der Prüfungskommission ein Zeugnis übersandt wurde, so war dadurch auch den Examinatoren ihr Zensoramt wesentlich erleichtert. Das Moment des Zufälligen, das jeder allein auf die Examensleistungen sich stützenden Bewertung anhaftet, trat zurück, da man nicht bloß über Betragen, sondern auch über Begabung, Fleiß, Kenntnisse und wissenschaftliche Interessen der einzelnen Prüflinge schon seit Jahren unterrichtet war.

Hölderlins Stiftszeugnisse sind uns noch erhalten.[62]) Sie bleiben sich nicht bloß, was die Begabung, sondern auch was den Fleiß betrifft, von Martini 1788 bis Martini 1793 immer gleich. Stets heißt es: „Ingenium bonum, diligens". Dagegen ändert sich das Zeugnis über Betragen. Während Martini 1788 die „mores" „boni" genannt werden, werden sie in den Jahren 1789 und 1790 als „recti", Georgii 1791 als „probi", Martini 1791 als „recti", von Georgii 1792 an bis zum Schluß als „probi" bezeichnet. Während diese Semesterzeugnisse wenig besagen, ist das Zeugnis, das Hölderlin vor seinem Abgang aus dem Stift erhielt, von einigem Interesse. Es hebt nicht bloß seine intellektuellen Gaben, sein gutes „Ingenium", sein treues Gedächtnis, seine ausgebildete Urteilskraft, sondern auch seine speziellen Interessen für griechische Philologie und für die Philosophie Kants hervor. Es lautet:[63])

„6. Hoelderlin: Valetudo firma
Statura [venusta et] mediam excedens
Eloquium gratum
Gestus placentes
Ingenium [felix] bonum

Judicium excultum
Memoria fida
Scriptio lectu facilis
Mores boni [et placidi]
Industria probanda
Opes largae.

Studia theologica multo cum successu tractavit. Orationem sacram recte elaboratam decenter declamavit. Philologiae, imprimis Graecae, et philosophiae, imprimis Kantianae, et literarum elegantiorum assiduus cultor."

Mit diesem Zeugnis versehen fand Hölderlin sich 1793 zur Konsistorialprüfung in Stuttgart ein. Es faßte den Eindruck zusammen, den Ephorus und Repetenten in 5 Studienjahren von ihm gewonnen hatten.

Die ganze Studienzeit, die ein Studierender im Stift verbrachte, zerfiel in verschiedene Stadien. Die jüngste Jahresabteilung nannte man Novizen (novi, novitii), die nächsthöhere „Promotion" war die der Complenten oder Candidaten (complentes, candidati). Während man in den beiden ersten Jahren (als Novize und Complent) hauptsächlich philosophische Studien trieb, hatte man sich nach erstandener Magisterprüfung 3 weitere Jahre hauptsächlich mit theologischen Disziplinen zu beschäftigen.

Wie verlief nun damals der Tag im Leben eines Stiftlers? Morgens — im Sommer um 5, im Winter um 6½ Uhr [64]) wurden die Stipendiaten durch die Stiftsglocke geweckt. Nachdem sie sich angekleidet und Toilette gemacht hatten, erschienen sie alle zum gemeinsamen Gebet in der „Communität", jeder setzte sich an seinen Tisch und gab dem Zensor seinen Namen an. Wer fehlte, wurde notiert und mit Entziehung des beim Mittagessen geschenkten Tischweins bestraft,[65]) er mußte „carieren". Nach dem Gebet begaben sich die Zöglinge auf ihre Stuben. Dort wurde unter Aufsicht der Repetenten und Stubenältesten („Senioren") ein Kapitel aus dem Neuen Testament in griechischer Sprache vorgelesen und „exponiert". Darauf nahm man auf den Zimmern das Frühstück ein, für das jeder selbst zu sorgen hatte.[66]) Die Stiftler werden sich wohl meistens Kaffee gemacht haben. Von Hölderlin jedenfalls wird dies durch einen Brief vom Sommer 1793 [67]) bezeugt. Da schreibt er an Neuffer: „Schlag vier bin ich morgens auf, und koche meinen Koffee selbst und dann an die Arbeit".

Nach dem Frühstück ging man in die Vorlesungen. Jeden Vormittag wurden drei Lektionen gehalten.[68]) Beim Verlassen des Hauses hatten die Stiftler Mantel und weiße Überschläge zu tragen.[69]) Der Besuch der öffentlichen Vorlesungen wurde durch Famuli kontrolliert.[70]) — Das Mittagessen wurde um 11 Uhr („eine halbe Viertelstunde nach dem Glockenschlag") in der „Communität" eingenommen. Es begann mit Gebet unter Aufsicht des Wochenrepetenten.[71]) Jeder Stiftler hatte seinen bestimmten Platz. Die Famuli notierten die Fehlenden und meldeten sie nach der Mahlzeit dem Ephorus und dem Prokurator.[72]) Die Stiftler hatten nach den Statuten von 1704 in Kutten, nach denen von 1752 „in habitu decenti mit Röken und Camisölern, bey nunmehr abgethanen verächtlich gewordenen Kutten" zu erscheinen. Die Repetenten dagegen trugen immer noch ihre langen Flügelkutten, welche „ihnen zur Ehre und Distinktion beybehalten" wurden.[73]) Sie saßen am ersten Tisch, „an einer runden Tafel", und erhielten bessere Kost als die Stiftler.[74]) Man speiste auf Zinngeschirr.[75]) Die Kost bestand mittags aus Fleischsuppe, Gemüse und Rindfleisch (zuweilen Braten). Es wurde wenig Abwechslung geboten. Der Ephorus Schnurrer klagt in einem Inspektoratsbericht vom 23. Dezember 1790 selbst darüber und hebt hervor, daß sein „verfassungsmäßiger Einfluß auf die Küche" zu wenig bestimmt und entschieden sei, als daß er sich Eingriffe erlauben könne. Auch Hölderlin war mit der Stiftskost nicht zufrieden.[76]) Zum Essen schenkte man Wein. Er wurde nur von wenigen getrunken: es war „Metzinger und Reutlinger Gewächs".[77]) Wer auf den Tischwein verzichtete, bekam dafür „Weingeld". Während der Mahlzeit wurde ein Kapitel der Bibel und ein Stück aus dem Konkordienbuch gelesen. Es wurde (bis in Schnurrers Zeiten) gepredigt und gesungen.[78])

Nach der Mahlzeit wurden am Sonntag und Donnerstag Musikstücke vom Collegium musicum vorgetragen.[79]) Die Musik wurde im Stift von jeher eifrig gepflegt. Auch Hölderlin musizierte, er spielte Flöte (vgl. Litzmann Nr. 32). Bei dem bekannten Flötenspieler Dülon nahm er Unterricht, und er scheint seinen Meister bald eingeholt und sogar übertroffen zu haben.[80]) Daß er auch Violine spielte, entnehmen wir den Erinnerungen von Rehfues, dem nachmaligen Kurator der Bonner Universität, der einst als „Singknabe" an den musikalischen Aufführungen im Stift teilnahm und davon erzählt: „Merkwürdigerweise ist mir von diesen Musikaufführungen Niemand im Gedächtnis geblieben, als der unglückliche Hölderlin. Er spielte die erste Violine, und ich hatte als erster Sopran neben ihm meine Stelle. Seine regelmäßige Gesichtsbildung, der sanfte Ausdruck seines Gesichts, sein schöner Wuchs, sein sorgfältiger reinlicher Anzug und jener unverkennbare Ausdruck des Höheren in seinem ganzen Wesen sind mir immer gegenwärtig geblieben. In meinem Gedächtniß steht er, mit der Violine in der Hand und dem Ausdruck der nickenden Hinwendung zu mir, wenn ich mit meiner Stimme einhalten sollte".[81])

Die Ausgangszeit der Stiftler war mittags ursprünglich auf 12 bis 2 Uhr festgesetzt. In diesen Stunden sollten sie etwaige Geschäfte in der Stadt besorgen oder ihre Besuche bei den Honoratioren machen.[82]) Doch dehnte der Ephorus Schnurrer von sich aus diese Zeit bis 3 Uhr aus „in Rücksicht, daß gleichwohl in den Häusern der Honoratiorum ein Besuch vor halb 2 Uhr wegen des Mittagessens für einen Stipendiarium kaum schiklich ist".[83]) Donnerstag vormittag und an Sonn- und Feiertagen den ganzen Tag über hatten die Stiftler volle Ausgangsfreiheit. Der Nachmittag verging sonst gewöhnlich mit dem Besuch der Kollegien und mit Privatstudium. Während desselben sollte Ruhe im Hause herrschen.[84]) Zum Studium stand den Stipendiaten seit 1710[85]) die Stiftsbibliothek zur Verfügung. Dieselbe wurde von einem „Subbibliothekar" verwaltet, der sein eigenes Stüblein neben der

Bibliothek erhielt[86]) und zu bestimmten Stunden in der Bibliothek anwesend sein mußte, um gegen einen vom Ephorus unterzeichneten Schein das verlangte Buch zu holen und dem Entleiher zu geben. Aus dem Ausleihbuch jener Zeit geht hervor, daß die Bibliothek damals zwar häufig von Professoren, Repetenten und Magistern, dagegen verhältnismäßig selten von jüngeren Stipendiaten benützt wurde. Hölderlin hat in seiner ganzen Studienzeit nur zweimal auf seinen Namen ein Buch aus der Stiftsbibliothek entlehnt. Einmal (am 14. September 1792) entlehnte er zwei Bände der Werke Platons.[87]) Ein Jahr darauf (am 18. September 1793) entlehnte er den Jesaja-Commentar von C. Vitringa 1714. Ich vermute, daß Hölderlin die wichtigsten Lehrbücher selbst besessen hat. Im übrigen konnte er auch, wie es heute noch üblich ist, mit Freunden zusammen Bücher der Bibliothek gelesen haben, so daß diese auf die Namen von andern ausgeliehen wurden. Außerdem stand ihm als Studenten auch die Universitätsbibliothek zur Verfügung.

Nachmittags war es den Stiftlern gestattet, in den Stunden, in denen keine Vorlesungen stattfanden, mit Wissen und Willen der Inspektoren „Privatinformationen" zu erteilen.[88]) „Mutwilliges Vagieren" (= Ausgehen) wurde vom Torwart vermerkt und dann bestraft.[89]) Im übrigen berichtet der Ephorus Schnurrer,[90]) daß, so oft ein Stipendiat unter einem „decenten Vorwand" den Ephorus um „Vagation" bitte, ihm die Erlaubnis „nicht leicht" versagt werde. Der Ephorus hebt hervor, daß es schwer sei, im einzelnen Fall nachzuweisen, daß „mutwillige Vagation" vorliege, „weil der Notatus doch immer die Collegia besucht zu haben vorgeben und der Ephorus das Gegentheil, wenn er davon noch so moralisch gewiß ist, zu erweisen gleich wohl nicht leicht fähig seyn würde."[91]) — Um 6 Uhr fand das Abendessen statt.[92]) Nach demselben war es „in den 6 Sommermonaten" gestattet, auszugehen und zwar bis Torschluß, „der sich durchaus nach der Thorgloke, und mithin nach der Willkühr des Mössners richtet, und in den längsten Sommertagen erst nach 9 Uhr eintritt".[93]) Wer nach

10 Uhr erschien, wurde am folgenden Tag als „Abnoctant" vorgefordert und „mit dem Carcere nach Umständen" bestraft.[94]) Nach 10 Uhr überzeugten sich die Repetenten von der Anwesenheit ihrer Stiftler und zählten ihre Leute „wie der Pferchknecht die Schafe".[95]) Dann begab man sich zur Ruhe. In § 27 der Statuten von 1752 (S. 36) wird ausdrücklich vermerkt, daß jeder Stipendiat „zu Verhütung allerhand Inconvenienzien" sein eigenes Bett haben soll und keinem erlaubt sein soll, mit einem andern zusammen zu schlafen. Früher war dies infolge von Mangel an Raum und an Betten allgemein üblich gewesen.

Sonntags waren alle Stiftler zum Kirchgang verpflichtet. Und zwar hatten sie sich urspr. in Prozession zur Kirche zu begeben. Der Wochenrepetent ging mit dem ältesten Stiftler voran, die übrigen folgten.[96]) Um 1790 durfte jeder einzeln zur Kirche gehen. In der Kirche saßen die Stiftler an bestimmten Plätzen.

Die Freiheit der Stipendiaten war, abgesehen von dem bisher Genannten, in mancher Beziehung sehr eingeschränkt. Ausreiten, Schlittenfahren,[97]) auch das Tragen von Waffen [98]) war untersagt. Der Besuch des Ballhauses, wie auch „der offenen Wirths-, Bier- und anderer Zechhäuser," die Beteiligung an Tänzen und Fasnachtsscherzen war streng verboten.[99]) Ganz besonders energisch wenden sich die Statuten gegen das Tabakrauchen („Tabaktrinken"); wer zum erstenmal dabei ertappt wurde, wurde mit Carcer bestraft („ob haustum fumum Nicotianum"), wen man zum zweitenmal rauchen sah, der wurde entlassen (St. 1752 S. 30). Wer die Stiftsakten durchblättert, kann den zahlreichen Protokollen und Berichten über das Rauchen entnehmen, wie wenig alle Verbote fruchteten. Auch Hölderlin war Raucher.[100])

Zur Beaufsichtigung der Stiftler dienten nicht bloß die Repetenten, sondern auch die Famuli. Sie waren akademische Bürger, meist Söhne von „verarmten Handwerkern zu Tübingen und auf dem Lande",[101]) hatten die Repetenten und Stiftler zu bedienen, bei Tisch aufzuwarten, das Stiftstor zu öffnen und zu schließen. Im übrigen waren sie angewiesen, die Studierenden des Stifts in ihrem Tageslauf zu überwachen. Wer Vorlesungen, Repetitionen oder Kirchgang versäumte, sich verbotenerweise an Hochzeiten oder Tanzereien beteiligte, wurde von ihnen notiert und gemeldet. Ganz besonders hatten sie darauf zu achten, ob die Stiftler sich auch des verbotenen Tabakrauchens enthielten. Die Statuten von 1752 verlangen von ihnen, wenn sie irgendwo „einen Geruch von Tabac vermerken", demselben „nachzugehen" „und solches sogleich dem Repetenti Hebdomadario" anzuzeigen. In ihren freien Stunden ließen sich die Famuli von Magistern Privatstunden geben und weiterbilden, um später dann als Collaboratoren und Präzeptoren an Lateinschulen verwendet werden zu können. Sie waren als „Spionen" und „Polizeispürhunde" des Ephorus[102]) den meisten Stiftlern ein Dorn im Auge.

Daß die enge Freiheitsbeschränkung der Stiftler trotz aller Beaufsichtigung nicht den gewünschten Erfolg hatte, ersieht man aus einer Notiz Reinhards.[103]) Er schreibt: „Hier [erg. in den Tübinger Schenken] trift man sie zu fünfzigen und sechzigen in ihrem Ordenshabit, in der einen Hand das Bierglas und in der andern die Tabakspfeiffe. Eine Parthie schiebt Kegel : eine Parthie spielt Tarok : eine Parthie flucht : eine Parthie balgt sich. — Eigentlich steht auf dem Besuch der Schenken eine harte Strafe, aber es ist nicht möglich, sie zu exequiren. Lustig ist's, was Fremde oder Innländer von entfernten Gegenden Augen machen, wenn sie ihre künftige Seelenhirten in dieser Attitüde erblicken".

Kein Wunder, daß bei diesen Zuständen damals alle verantwortlichen Instanzen auf Reformen sannen. In der Tat wurden in den Jahren, die Hölderlin im Stift zubrachte, Verhandlungen zum Zweck einer „besseren Einrichtung des theologischen Stifts" geführt. Über dieselben hat Klaiber[104]) nach den Quellen in extenso berichtet.[105]) Der Herzog Karl Eugen ließ sich im letzten Abschnitt seiner Regierungszeit die Verbesserung der Stiftsverhältnisse sehr angelegen sein.[106])) Er richtete, nachdem er das Stift am 30. Januar 1790 selbst besichtigt und geprüft hatte, an das Inspektorat ein ganzes System von Fragen. Das Inspektorat antwortete, sein Gutachten wurde an die Behörden in Stuttgart gesandt, von ihnen beraten und, mit Bemerkungen versehen, dem Herzog vorgelegt, der seinerseits „Resolutiones Serenissimi" anfügte. So entstand der von Klaiber benützte „Tabellarische Extrakt". Als Hauptmängel der damaligen Stiftler werden hervorgehoben: Geringschätzung der Theologie und Abneigung gegen den Pfarrersberuf, Hang zu Frivolität und „Wohlleben", Unbotmäßigkeit und falscher Freiheitssinn, Mangel an Lebensart.[107])

Was die Reformideen betrifft, so vertrat der Konsistorialrat Eb. Fr. Georgii[108]) die Ansicht, daß man in liberaler Weise die akademische Jugend des Stifts zu vernünftiger Freiheit erziehen müsse, und aus den Inspektoratsberichten der Stiftsregistratur geht hervor, daß er in dieser Beziehung an dem Ephorus Schnurrer einen Bundesgenossen hatte, während der Herzog selbst sowie der Direktor des Konsistoriums, Adolf Karl Maximilian Ruoff den konservativen Standpunkt vertraten und möglichst wenig von den bisherigen Freiheitsbeschränkungen der Stiftler fallen lassen wollten.

Wie diese Verhandlungen auf Hölderlin, der von ihrem Verlauf Kunde hatte, wirkten, entnehmen wir einem Brief aus jener Zeit (bei C. Litzmann Nr. 58). Da schreibt er seiner Schwester:

„Über acht Tagen werd' ich wol etwas bestimmtes schreiben können wegen unserer Statuten. Mir sollte laid thun, wenn sie so eingerichtet wären, daß kein vernünftiger Mensch, one seiner Ehre zu vergeben, sie eingehen könnte, und wenn wir nicht dagegen wirken könnten, denn in diesem Falle — bin ich vest entschloßen, mir eine andre Lage auszufinden, und sollt' ich auch mein Brod im Schweiße meines Angesichts verdienen müßen. Gott weis, wie lieb mir die Meinigen sind, und wie ser ich wünsche, nach ihrem Gefallen zu leben, aber unmöglich ist's mir, mir widersinnische zwecklose Geseze aufdringen zu laßen, und an einem Orte zu bleiben, wo meine besten Kräfte zu Grunde gehen würden. Ich hoff' es zur Vorsehung, daß es mir anderwerts auch in Zukunft gut gehen werde, wenn ich nur thue, was ich kann, ein Mann zu werden, insonderheit da bis zu der Zeit, wo ich eine geistliche Bedienstung zu hoffen habe, vermutlich die Regierungsform sich ändert. Denn wenn Prinz Wilhelm (als Protestant) auf den Tron kommt, ist die Vergebung der geistlichen Aemter seiner Willkür ausgesezt wie die der weltlichen. — Ich bin bei weitem nicht [der] einzige, der diesen Entschluß gefaßt hat. Der gröste und beste Theil unserer Repetenten und Stipendiaten will fort, in jenem Falle. Und wär' ich auch der einzige — ich will dennoch alles anwenden, meine Ehre und meine Kräfte zu retten. Ich wolte viel geben, wenn ich mir die eitle Sorge machte — aber ich fürchte — die neueren Nachrichten lauten gar nicht gut. Georgi allein protestirte wider des Herzogs Einfälle, wurde aber überstimmt, und so soll die Sache nächstens vor sich gehen. Die Sache ist gewiß wichtig. Wir müßen dem Vaterlande, und der Welt ein Beispiel geben, daß wir nicht geschaffen sind, um mit uns nach Willkür spielen zu laßen. Und die gute Sache darf immer auf den Schuz der Gottheit hoffen. Lebe wol, liebe Rike! Daß nur die liebe Mamma sich nicht zu viel Sorge macht! Ich darf an das nicht gedenken, wenn ich nicht muthlos werden will. Der Kampf zwischen kindlicher Liebe und Ehrgefül ist gewiß ein schwerer Kampf."

Wer sich die Verhältnisse im damaligen Stift vergegenwärtigt, wird sich nicht wundern, wenn er den Briefen Hölderlins entnimmt, daß es ihrem Schreiber hier nicht sonderlich gefiel. Hölderlin klagt im Stift über die schlechte Luft und die ungenügende Kost, über die Beschränkung seiner Freiheit,[109]) über „Verdrießlichkeiten" und „Chikanen", über „Ungerechtigkeiten",[110]) „Druck und Verachtung",[111]) ja sogar über „Mißhandlungen",[112]) die er auszuhalten habe. Er sitzt träumend an seinem Fenster und blickt nach Osten, seinem „lieben Nürtingen" zu.[113]) Er fürchtet, einmal sagen zu müssen, seine Universitätsjahre hätten ihm das Leben für immer verbittert, während sein Vater diese Jahre als die vergnügtesten seines Lebens bezeichnet habe.[114]) Er schreibt 1792:[115]) „Ich habe hier schlechterdings keine Freude. Da siz ich fast jede Nacht auf unserer alten Zelle, und denk' an den mancherlei Verlust des Tages, und bin froh, daß er vorüber ist!"

Daß Hölderlin sich im Stift so oft gar nicht wohl fühlte, daran war sicherlich die Verfassung, in der sich die Anstalt damals befand, in erster Linie schuld. Daß die räumlichen Verhältnisse keine idealen waren und daß auch die Kost zu wünschen übrig ließ, konnte der Leser aus dieser Darstellung entnehmen. Schon das stete Zusammenleben mit anderen und die fortwährende Beaufsichtigung ist nicht jedermanns Sache. Ganz besonders aber mußte es einen jungen Mann, der ein so ausgeprägtes Selbstbewußtsein wie Hölderlin besaß, kränken, von den untergeordneten Organen der Famuli auf Schritt und Tritt überwacht oder auch angezeigt zu werden. Gerade dem damaligen Ephorus Schnurrer sagte man nach, daß er diesen Denunziationen der Famuli allzu bereitwillig sein Ohr lieh. Reinhard berichtet,[116]) daß diese „Spionen des Ephorus" und „Polizeyspürhunde" jedem Zögling von Selbstgefühl ein unerträglicher Anblick seien, „ihre Stimmen sind in Rücksicht auf Schuld und Unschuld entscheidend und bey gegenwärtigem E. . . . hat man Mühe, durch das Zeugnis von fünfzig Stipendiaten, oder eines Repetenten sogar sich zu rechtfertigen, wenn einer dieser Buben auf dem Gegentheil beharrt".

Man kann sich denken, wie solche Zustände auf ein Gemüt wie Hölderlin wirkten. Er war sensibel, außerordentlich empfindsam für Freude und Leid. Daher der rasche Wechsel der Stimmungen. Mai 1790 schreibt er an die Mutter: „Freilich ist's mir auch angebohren, daß ich alles schwerer zu Herzen nehme" (E. Litzmann Nr. 40). Seinem Freund Neuffer schreibt er im Herbst 1793:[117]) „Wenn nur der Mensch nicht so periodisch wäre! oder ich wenigstens nicht unter die ärgsten gehörte in diesem Punkt. Ich denke aber, es soll bald anders werden. Ein paar Stunden, wo ich Dich um mich hätte, könnten, glaub' ich, viel Gutes stiften". Wenn auch nur das Eichhörnchen seiner Schwester verendet, so wird er „kindisch wehmütig" und der Fall tut seinem Herzen weh.[118]) Auf Freundlichkeiten wie auf Kränkungen reagierte er außerordentlich rasch. Sogar die Inspektoratsprotokolle der Stiftsregistratur wissen etwas davon zu erzählen. Ein Protokoll vom 16. November 1789 berichtet über eine Verhandlung, die wegen Hölderlin im Beisein des Ephorus und beider Superattendenten am gleichen Tag geführt wurde:[119]) „Actum d. 16. Nov. 1789 im Beysein beyder Herrn Superattendenten, und meiner des Ephori. 1. Vorigen Dienstag, den 10. dieses, brachte bei dem Ephoro bei einbrechendem Abend der hiesige Mägdleinprovisor Majer folgende Klage an. Er sei die Münzgasse heruntergegangen, neben ihm her ein Stipendiat gekommen, vom Neuen Bau gegenüber sei dieser von einer Seite der Straße auf die andre auf ihn zugeloffen, und hab' ihm den Hut von dem Kopf auf den Boden geschlagen mit den Worten: „Weiß Er, daß es seine Schuldigkeit ist, vor einem Stipendiaten den Hut abzunehmen?" Er, Kläger, habe sich sodann gegen den Stipendiaten erklärt, er wolle sogleich eine Anzeige bei dem Ephoro machen, der Stipendiat habe erwidert, es sei ganz recht, er wolle mit ihm gehen. So seien sie beide durch den Burschhof gegen das Ephorathaus gegangen, unter dem Haus aber habe sich der Stipendiat getrennt und sei zum Klosterthor hereingegangen. Er, Provisor, habe gleich unter dem Thor gefragt, wer der Stipendiat sei, und die Antwort bekommen: er heiß' C.[andidat] Hoelderlin. Da er doch in einer öffentlichen Schule stehe, so sei ihm darum zu thun, Satisfaction zu haben. Ich, der Ephorus, ließ sogleich nach geendetem Abendessen den C. Hölderlin vortreten. Er leugnete auch die Sache nicht und berief sich nur darauf, daß der Provisor sich's ganz eigentlich zur Gewohnheit mache, vor keinem Stipendiaten den Hut abzunehmen. Überhaupt aber bezeigte sich der Beklagte bei seiner Entschuldigung anständig und bescheiden." Randbemerkung: „C. Hoelderlin incarceretur horas VI ob publicas erga ludimagistrum injurias". „Dem Provisor soll aber auch durch den Herrn Special Dr. Maerklin beditten werden, daß er es künftig an der Höflichkeit gegen Stipendiaten nicht ermangeln lassen soll." — Wie manchesmal mögen dem Stiftler Hölderlin solche Kränkungen wie die durch den Provisor Majer zugefügte, widerfahren sein! Denn nach der Darstellung Reinhards[120]) war ein Stiftler damals „ein verachtetes Geschöpf".

Die Tatsache, daß Hölderlin sich im Stift so selten wohl fühlte, erklärt sich auch daraus, daß er sich hier auf einen Beruf vorzubereiten hatte, zu dem er wenig Neigung verspürte. Sein Wunsch war, „in Ruhe und Eingezogenheit einmal zu leben und Bücher schreiben zu können, ohne dabei zu hungern".[121]) Er wollte seiner Muse dienen, fühlte sich als Dichter und wollte als Dichter bewertet werden. Im Stift aber hatte er (seit 1790) Theologie zu studieren und wurde als Theologe bewertet. Andererseits war Hölderlin zu ehrgeizig, um seine pflichtmäßigen Studien zu vernachlässigen, obgleich er täglich empfand, wie sie ihn von seinem eigentlichen Beruf abzogen. 1789 trug er sich mit dem Gedanken, nach Stäudlins Vorbild Jurist zu werden.[122]) Es war hauptsächlich die Rücksicht auf die Seinen, die ihn bestimmte, diesen Plan wieder aufzugeben. Am 28. November 1791 schreibt er an Neuffer:[123]) „Daß ich noch im Kloster bin, ist Ursache die Bitte meiner Mutter. Ihr zulieb kann man wol ein paar Jahre versauren."

Auch dogmatische Bedenken spielten bei seinem Widerwillen gegen den Pfarrersberuf herein. Davon wird unten ausführlich die Rede sein.

Wenn Hölderlin sich auch im allgemeinen recht unzufrieden über das Stift und die in ihm verlebte Zeit äußerte, so gab es doch auch manche Stunden, da er mit seinem Los als Stiftler zufrieden war. 1789 schreibt er an die Mutter:[124]) „Was meine gegenwärtige Lage betrift, so kann ich Sie versichern, daß ich meine Tage ganz und mit meinem Schiksaal [zufrieden] verlebte, wenn Ihre Traurigkeit mir nicht eben so viel düstere Stunden machte". In einem andern Brief vom November

1790[125]) drückt er sich hochbefriedigt über sein Zimmer und seine Mitbewohner (unter ihnen waren Hegel und Schelling) aus. Und von seinem Repetenten schreibt er: „Mein Repetent ist der beste Mann von der Welt". Daß ein so begeisterter Verehrer des Griechentums und eine so liebenswürdige Persönlichkeit wie C. Ph. Conz Hölderlins Herz gewann, ist begreiflich. Wenn man einerseits zugesteht, daß manche Mißstände im damaligen Stiftsleben dem jungen Hölderlin das Leben sauer machten, so darf man andererseits auch hervorheben, daß er gerade im Stift den Mann fand, der als Lehrer wie wenige geeignet war, Hölderlin in seiner eigensten Art zu fördern. Hölderlin fühlte sich mächtig von Conz angezogen. Die Gedichte beider weisen manche Ähnlichkeit auf. Und auch den von mir veröffentlichten Magisterarbeiten merkt man die Beeinflussung durch Conzens Gedanken an. — Aber nicht bloß seinen Repetenten, auch seinen Ephorus muß Hölderlin geschätzt haben, sonst hätte er ihm nicht seine Magisterarbeit gewidmet.

II. Das Studium und die Lehrer.

Als Hölderlin im Herbst 1788, von Maulbronn kommend, die Universität bezog, war A. F. Böck Prorektor, J. Fr. Lebret Kanzler und Schnurrer Dekan der philosophischen Fakultät. — Schon am 3. Dezember erwarb sich Hölderlin, nachdem er die entsprechende Prüfung in Sprachen, Geschichte, Logik, Arithmetik und Geometrie bestanden hatte,[1]) die laurea prima, die Würde eines Baccalaureus. Er war unter denen, die vom Seminar Maulbronn gekommen waren, der sechste.[2]) Mit ihm promovierte Hegel. Dieser stand als erster an der Spitze derer, die vom Stuttgarter Gymnasium gekommen waren.

Die jungen Baccalaurei hatten nun zuerst die Fächer der philosophischen Fakultät zu studieren, denn „kein Studiosus soll zu der höhern Facultät fortschreiten, er habe dann in der Philologie, Philosophie und Historie, sofern alles dieses zu seinem Hauptzweck dienet, genugsamen Grund geleget".[3]) Hölderlin hatte also jetzt 2 Jahre lang Logik, Metaphysik, Naturrecht, allgemeine praktische Philosophie, Geschichte, griechische und hebräische Sprachwissenschaft, Mathematik, theoretische und experimentelle Physik zu hören. Diese Fächer wurden teils in öffentlichen (unentgeltlichen) Vorlesungen, sog. „Lectionen" gelesen, teils in privaten sog. „Collegien", für die im allgemeinen pro Semester 2 Gulden zu entrichten waren.[4]) Das Honorar für die physikalischen, mathematischen und historischen Kollegien war teilweise höher. Die Vorlesungen bestanden größtenteils in der Erklärung eines Kompendiums, wobei der Dozent auf die wichtigsten Stücke desselben aufmerksam zu machen und die Hörer gelegentlich auch unvermutet zu examinieren hatte.[5])

Über den Studienplan, nach dem die Stiftler damals ihre Vorlesungen hörten, unterrichtet uns ein Inspektoratsbericht vom 5. Juni 1790.[6]) Im ersten Jahr wurden 3 Lektionen gehört: 1. eine solche bei dem Professor der Logik und Metaphysik, „die aber bekanntlich seit mehreren Jahren eingeht" (Ploucquet las nicht mehr), 2. eine Lektion bei dem Professor der griechischen und hebräischen Sprache (Schnurrer), 3. eine Lektion bei dem Professor der Geschichte (Rösler).

Im zweiten Studienjahr hörten die Stiftler zwei Lektionen: eine bei dem Professor der Moral (Böck) und eine bei dem Professor der Physik (Pfleiderer). Die Auswahl und der Besuch der Kollegien stand den Stiftlern frei. Alle Studenten waren angewiesen, sich auf die Lektionen vorzubereiten und das, was sie in denselben gehört hatten, zu wiederholen.[7]) Zum Privatstudium stand ihnen die Universitätsbibliothek, die Donnerstag und Samstag nachmittags geöffnet war, zur Verfügung. Außerdem wurde ihnen empfohlen, Privatbibliotheken, zu denen man den „Zutritt" leicht erhalten könne, fleißig zu besuchen.[8]) Besonders der Stiftsephorus Schnurrer soll eine große Bibliothek besessen haben.

Damit die Studierenden Gelegenheit hätten, sich im „Respondieren und Opponieren" zu üben, waren öffentliche Disputationen angesetzt.[9])

Zu Hölderlins Novizen- und Complentenzeit bestand die philosophische Fakultät der Tübinger Universität aus den Professoren: Gottfr. Ploucquet, der damals nicht mehr las, Aug. Fr. Böck, Chr. Fr. Schnurrer, Chr. Fr. Rösler, Christoph Fr. Pfleiderer und Joh. Fr. Flatt.

August Friedrich Böck,[10]) geboren 1739, studierte im Stift, war 1766 Repetent, 1767 außerordentlicher und 1775 ordentlicher Professor der Moral und Eloquenz. 1777 wurde er Bibliothekar an der Universitätsbibliothek, 1780 Ephorus des Martinsstifts. Er ist bekannt durch seine im Auftrag des Herzogs Karl geschriebene Geschichte der Tübinger Universität von 1774. Böck lehrte Geschichte der Philosophie, Metaphysik, praktische Philosophie und Naturrecht nach Feder,

Ästhetik nach Mendelssohn und hielt Übungen im Disputieren. Der Biograph Schellings nennt Böck einen „vornehmen Mann, aber von wenig wissenschaftlicher Beweglichkeit und ohne Frische im Vortrag".[11]) — Zu Hölderlins Zeit las Böck: Allgemeine praktische Philosophie und Naturrecht teils öffentlich, teils privat, von Wintersemester 1788/89 bis Sommersemester 1790. Im Sommersemester 1790, also gerade vor Hölderlins Magisterexamen hielt er Übungen im Disputieren. Da Hölderlin als Bewerber um die Magisterwürde unter Böcks Vorsitz disputierte, hat er vermutlich auch an diesen Übungen teilgenommen.

Schnurrer[12]) las im Wintersemester 1788/89: Apostelgeschichte (öffentlich) und Psalmen (privatim); im Sommersemester 1789: katholische Briefe (öffentlich) und Psalmen, Forts. (privatim); im Wintersemester 1789/90: Matthäus, Markus und Lukas (öffentlich) und Hiob (privatim); im Sommersemester 1790: Matthäus, Markus und Lukas, Forts. (öffentlich) und Proverbia (privatim). Ich vermute, daß Hölderlin diese letzte Vorlesung hörte, da die eine seiner beiden Magisterarbeiten, die er zu dieser Zeit schrieb, auch über Proverbien handelte und Hölderlin diese Arbeit Schnurrer gewidmet hat.

Christian Friedrich Rösler,[13]) geboren 1736 († 1821), wurde 1763 Repetent am Stift, beschäftigte sich als solcher besonders mit Geschichte, speziell mit älterer Kirchengeschichte und Patristik. Nachdem er einige Zeit im unständigen Kirchendienst tätig gewesen war, wurde er Diakonus in Vaihingen a. d. E. Hier hatte er reichlich Muße, sich mit seinem Lieblingsfach zu beschäftigen. Er schrieb dort ein Buch über den Lehrbegriff der christlichen Kirche in den ersten 3 Jahrhunderten (1773), das ihn in der wissenschaftlichen Welt bekannt machte, und nahm sein Werk: Bibliothek der Kirchenväter in Übersetzungen und Auszügen, 10 Teile 1776—86, in Angriff. Es war zu Hölderlins Stiftszeit vielleicht das am meisten benützte Werk der Stiftsbibliothek. 1777 wurde Rösler ordentl. Professor an der Tübinger Universität. Als solcher vollendete er seine „Bibliothek der Kirchenväter" und gab Beiträge zur Statistik und Geographie vorz. von Deutschland 1780—82 heraus. Um die Erforschung des Mittelalters machte er sich durch seine Chronica medii aevi 1801 verdient. Die Studierenden schätzten seine Belesenheit, seinen freien Geist und seine lebhafte und heitere Art des Vortrags. Rösler sprach großenteils frei, in schwäbischem Dialekt, und verstand es, durch manchen treffenden Witz die Vorlesung unterhaltend zu machen. Doch scheint er oft so sehr ins Anekdotenerzählen geraten zu sein, daß die „Wissenschaftlichkeit und tiefere Erörterung" notlitt. Jeder Versuch, die Geschichte aus einem Prinzip heraus zu konstruieren, war ihm verhaßt, er erblickte darin den Tod der historischen Forschung. Klüpfel bezeichnet ihn als den ersten wirklichen Historiker, den Tübingen besaß. Er las Bücherkunde der alten Schriftsteller, Universalhistorie nach Schrökh,[14]) Statistik und Geschichte der europäischen Staaten nach Achenwall,[15]) Geschichte der Philosophie, Württembergische Geschichte. Zur Zeit Hölderlins las er von Wintersemester 1788/89 bis Sommersemester 1790: Universalhistorie (öffentlich), kündigte für Wintersemester 1788/89 Statistik oder deutsche Geschichte (privatim) und Sommersemester 1789 Neuere Europäische Geschichte oder Papstgeschichte (privatim) an, las im Wintersemester 1789/90: Geschichte der Philosophie (privatim) und im Sommersemester 1790: Neueste statist. Veränderungen. Daß Hölderlin bei Rösler hörte, berichtet auch das Magisterprogramm von 1790.

Christoph Friedrich Pfleiderer,[14]) geboren 1736, studierte im Tübinger Stift und an der Universität Genf als Schüler des Mathematikers Lesage. Auf dessen Empfehlung wurde er als Professor der Mathematik und Physik an die Militärakademie in Warschau berufen und trat 1766 dieses Lehramt an. 1774 wurde er Direktor des polnischen Kadettenkorps. Der König Stanislaus August von Polen war ihm besonders gewogen. 1781 berief die Tübinger Universität Pfleiderer als Professor der Mathematik und Physik nach Tübingen. Er folgte dem Ruf und blieb bis zu seinem Tod im Jahr 1821 in Tübingen. Pfleiderer war als solider wissenschaftlicher Arbeiter und als vornehmer und bescheidener Charakter geschätzt. Er beschäftigte sich besonders mit analytischer Geometrie und war ein Verehrer der griechischen Mathematiker. Eine Reihe bedeutender Männer saß zu seinen Füßen, darunter sein späterer Nachfolger: der Mathematiker J. G. F. Bohnenberger und Kosziusko, der Vorkämpfer der Polen. — Pfleiderer las zu Hölderlins Zeit von Wintersemester 1788/89 bis Sommersemester 1790 theoret. Physik (öffentlich), Wintersemester 1788/89 und Wintersemester 1789 auf 1790 elem. Mathematik, Sommersemester 1789 höhere Mathematik und Experimentalphysik (privatim) und Sommersemester 1790 ebenfalls Experimentalphysik (privatim).

Johann Friedrich Flatt,[15]) ist 1759 zu Tübingen geboren, war Schüler Chr. Gottl. Storrs, wurde 1781 Bibliothekar und 1782 Repetent am Stift, hielt als Repetent Vorlesungen über Metaphysik und Dogmatik, machte 1784/85 eine wissenschaftliche Reise nach Göttingen, wurde nach seiner Rückkehr außerordentl. Professor an der philos. Fakultät in Tübingen, 1792 außerordtl. Professor an der theol. Fakultät, Stadtpfarrer, Dekan und 4. Frühprediger. 1798 wurde er Superattendent des Stifts und ordentl. Professor der Theologie, 1820 Prälat. Er starb 1821. Flatt war ein gewissenhafter, tiefreligiöser Mann, der kein Opfer scheute, wenn es galt, andern zu helfen. An seinen Vorlesungen schätzte man die schlichte, streng wissenschaftliche Art seines Arbeitens, die Meisterschaft, mit der er den Stoff beherrschte, und die erwärmende Gefühlstiefe seines Vortrags. Eine besondere Bedeutung gewann er durch seine gründliche Behandlung der Kantschen Philosophie. Theologisch war er ein Vertreter des Supranaturalismus. Seine Schriften handeln über neutestamentliche Exegese, Philosophie, speziell Religionsphilosophie und Dogmatik. Er las im Wintersemester 1788/89 Logik und Metaphysik (öffentlich), im Sommersemester 1789 Cicero, De natura Deorum, im Wintersemester 1789/90 Logik, Psychologie und Religionsphilosophie, im Sommersemester 1790

Ontologie und Kosmologie nach dem Compendium Ulrichianum und erklärte sich im Vorlesungsverzeichnis für dieses Semester bereit, „potiora Kantianae criticae capita" zu erklären. Für Sommer 1789 kündigte er an, daß er bereit sei, über empirische Psychologie und Kantsche Kritik zu lesen. — Hölderlin hörte bei Flatt nach dem Magisterprogramm von 1790 jedenfalls Cicero, De natura Deorum, und empirische Psychologie. Er erwähnt Flatt in einem Brief von 1792.[16])

Außer den Lektionen und Kollegien der Professoren besuchte Hölderlin seinem Magisterprogramm zufolge auch die Vorlesung des Repetenten Bardili „De usu scriptorum profanorum in Theologia" und die Vorlesung des Repetenten Conz über die Tragödien des Euripides.

Als Stiftler hatte Hölderlin außerdem an den Übungen der Repetenten teilzunehmen. In denselben — sie wurden wöchentlich zweistündig gehalten — wurde der Stoff der Vorlesungen repetiert. Die Repetenten waren angewiesen, bei den von den Professoren behandelten Autoren zu „verbleiben".[17]) Dabei wurde bald der betr. Autor erklärt, bald ein „Exercitium" gemacht. Der älteste Repetent hatte außerdem mit den Novizen und Complenten die Definitiones, Divisiones und Dicta cardinalia des theologischen Compendiums (von Sartorius) zu repetieren.[18])

Wenn ein Stiftler zur Zeit Hölderlins 2 Jahre lang die Vorlesungen der philosophischen Fakultät gehört und sich an den entsprechenden Repetitionen beteiligt hatte, bewarb er sich um die Magisterwürde. Sie galt allem Anschein nach außerhalb Württembergs nicht gar viel. Reinhard schreibt:[19]) „Aus der ganzen folgenden Beschreibung ist freylich sehr klar, daß das Magisterwerden in Tübingen eine bloß nichtsbedeutende Zerimonie sey, und daß wir kein Recht haben, uns über die Verachtung zu beklagen, worinn diese wirtenbergische Würde im Ausland steht". Hölderlin selbst hat sie auch nicht hochgeschätzt. Im Sommer 1790 schreibt er[20]) an seine Mutter: „Meinetwegen könnten alle Magisters und DoktorsTitel, sammt hochgelahrt und hochgeboren in Morea sein."

Die Magisterpromotion fand alljährlich im September statt. Wer sich um die Magisterwürde bewarb, hatte wenigstens zwei selbstverfaßte wissenschaftliche Abhandlungen („specimina", „Probeschriften", „eigene Ausarbeitungen", „Aufsätze")[21]) der philosophischen Fakultät einzureichen; darauf mußten alle Bewerber zusammen sich an einer Disputation beteiligen und unter dem Vorsitz von Professoren der philosophischen Fakultät und im Beisein von opponierenden Repetenten oder älteren Magistern eine meist von einem Professor verfaßte Dissertation verteidigen. Hölderlin disputierte unter dem Vorsitz von Professor A. Fr. Böck und verteidigte zusammen mit seinen „Compromotionalen" Hegel, J. Chr. Fink und Chr. Fr. Autenrieth die von Böck verfaßte Dissertation: „De limite officiorum humanorum seposita animorum immortalitate".[22])

Reinhard gibt[23]) eine ergötzliche Darstellung einer solchen Magisterdisputation: „Zwanzig bis dreißig Kandidaten stehen vier Stunden lang in einer dreifachen Reihe auf dem Katheder aneinandergereiht, wie Ruderknechte, und fächeln sich aus Langeweile mit dem Bogen Papier, auf dem die Theses gedruckt stehen, um den Schweiß abzutrocknen, der ihnen von den Einwürfen der Opponenten ausgepreßt wird."

Außer dieser Disputation hatten die Kandidaten sich einem Examen rigorosum zu unterziehen. Es bestand zum Teil in der Ausfertigung eines lateinischen Aufsatzes, zum Teil darin, daß die Kandidaten einige Fragen aus den Gebieten der Metaphysik, der Moral und der Naturlehre zu beantworten hatten.[24]) War auch diese Prüfung bestanden, so wurden die Bewerber loziert und darauf die Promotion in einem feierlichen Akte vollzogen. Er fand im großen Hörsaal der heutigen „Alten Aula", damaligen „Aula Nova" statt und wurde durch ein Programm vorher angekündigt. Das Programm enthielt das „Curriculum vitae" jedes Kandidaten, d. h. Namen seiner Eltern, Geburtsjahr, Angabe der Schulen, die er besucht, der Vorlesungen, die er gehört, der Disputation, die er verteidigt und der specimina, die er als

„Beweise seiner Tüchtigkeit zur philosophischen Doktorwürde" eingereicht hatte.[25])

Auf dem Programm vom 21. September 1790 ist neben Hegel und 26 anderen Studierenden Hölderlin an achter Stelle aufgeführt. Als specimina Hölderlins werden genannt: 1. Parallele zwischen Salomons Sprüchwörtern und Hesiods Werken und Tagen. 2. Geschichte der schönen Künste unter den Griechen. Beide Arbeiten sind noch handschriftlich erhalte... Die erste befindet sich in der Stiftsbibliothek in Tübingen.[26]) Es ist ein in Goldpapier gehefteter, schön geschriebener Aufsatz von 27 Seiten. Auf dem ersten Blatt steht außer dem Titel eine Widmung an den Stiftsephorus Schnurrer.

Der Aufsatz ist streng logisch disponiert und vergleicht die Proverbien mit Hesiods „Werken und Tagen" hinsichtlich der ästhetischen Form und des ethischen Inhalts. Als gemeinsame formale Merkmale stellt Hölderlin heraus: „gedrungenen", kurzen Stil, Parallelismus, Personifikation abstrakter Begriffe und die Tatsache, daß die ethischen Ermahnungen beider Schriften sich an eine zweite Person richten. Diese formalen Merkmale sucht Hölderlin nun ästhetisch zu werten und in ihrer ästhetischen Wirkung psychologisch zu erklären. Seine ästhetischen Bemerkungen sind ganz im Geiste der Zeit geschrieben. Man bemerkt Einflüsse von Baumgarten, Sulzer, Mendelssohn und Herder. Das Schöne ist nach Hölderlin Gegenstand des Empfindungs- und Begehrungsvermögens. Die ästhetischen Vorstellungen sind im Gegensatz zu den logischen Begriffen undeutlich.

Was die Kunstform des Parallelismus betrifft, so weist er darauf hin, daß über dessen ästhetischen Wert Herder „viel und schön" geredet habe. Daher begnügt sich Hölderlin damit, diese ästhetische Wirkung psychologisch zu erklären.

In der philosophischen Würdigung des gemeinsamen ethischen Inhalts beider Schriften konstatiert Hölderlin, daß ihre Ethik „sinnlich und populär" sei, und daß Reichtum und Ehre die einzigen Motive dieser Sittenlehre darstellten. Hölderlin sucht diese Tatsache verständlich zu machen: der

Reichtum besteht in diesen einfachen Verhältnissen noch nicht in dem „unnatürlichen Besitz von Gold und Silber", sondern in einem mäßigen Stück Landes, er kann infolgedessen nicht so leicht durch Schwelgerei und Wucher geschändet werden, vielmehr ist er Zeichen und Lohn von Fleiß und haushälterischem Sinn. Die Ehre aber ist nicht, wie bei kultivierten Völkern „Außentand", sondern die Achtung der bürgerlichen Gesellschaft vor dem fleißigen, klugen und redlichen Mann. Daher sind die genannten Motive nicht so unmoralisch, wie es auf den ersten Blick scheint.

Aus allen diesen Bemerkungen spricht eine große Verehrung für das Natürliche und Ursprüngliche und ein liebevolles Verständnis für einfache bäuerliche Verhältnisse. Hölderlin sucht, dem ethischen Wert der Ermahnungen beider Werke gerecht zu werden und erblickt den Unterschied dieser Lebensregeln von den Geboten der neueren philosophischen Ethik lediglich darin, daß jenen einfachen Ermahnungen der Nimbus von philosophischer Terminologie fehle. Wenn ihnen die Form des Systems abgeht, so sieht Hölderlin darin nicht ohne weiteres einen Fehler. Er weist vielmehr darauf hin, daß in der systematischen Anordnung der Gedanken eine große Gefahr liege: „schon oft hat man aus dem logischen Zusammenhang etwas richtig gefolgert, was in Wirklichkeit unrichtig war".

Die Handschrift der zweiten Magisterarbeit befindet sich in der Stuttgarter Landesbibliothek (Cod. poët. et phil. Fol. 63, III). Sie umfaßt 34½ Seiten, ist also etwas umfangreicher als die erste, i. a. leserlich geschrieben und ohne Korrekturen. Das Titelblatt fehlt. Deshalb ist die Arbeit in dem von H. Fischer hergestellten Verzeichnis der Hölderlinmanuskripte ganz allgemein als „Ein ästhetischer Aufsatz über die Griechen"[27]) bezeichnet. Aus Form und Inhalt der Abhandlung geht unzweideutig hervor, daß wir hier das 2. Magister-specimen Hölderlins vor uns haben, das nach dem Magisterprogramm von 1790 den Titel trug: „Geschichte der schoenen Künste unter den Griechen". Die Handschrift der Arbeit läßt sich als diejenige Hölderlins erkennen, wenn man sie mit der Handschrift der andern Magisterarbeit und derjenigen des Denkendorfer Prooemiums vom 27. XII. 1785 vergleicht und dabei besonders auf die Schreibweise der Buchstaben C, H, S, Sp, W und p achtet. Die Diktion weist an verschiedenen Stellen große Ähnlichkeit mit derjenigen der andern Magisterarbeit auf. Chr. Th. Schwab schreibt in seinem Leben Hölderlins (II, S. 280), von der zweiten Magisterarbeit hätten sich „einige Überbleibsel" erhalten. Tatsächlich liegt kein Grund vor, daran zu zweifeln, daß uns in der Handschrift (abgesehen vom Titelblatt) die vollständige Arbeit erhalten ist. Der Aufsatz beginnt mit ganz ähnlichen Worten wie das andere Magister-specimen: „Das Vaterland der schönen Künste ist unstrittig Griechenland. Von dieser Seite betrachtet muß die Entstehung und das Wachstum derselben unter jenem feinen Volke jedem anziehend seyn". — Der erste Satz des Specimens „Parallele zwischen Salomons Sprüchwörtern und Hesiods Werken und Tagen" lautet: „Die ungebildete Philosophie des Orientalismus und des entstehenden Griechenlands muß jedem intereßant seyn".

W. Böhm, der die zweite Arbeit offenbar auch schon eingesehen hat, bezeichnet sie als ein „in die erste Hälfte der Universitätszeit anzusetzendes, später wohl zur Magisterdissertation erweitertes Specimen" (Werke I, IX). Dagegen ist zu sagen, daß mit dem Ausdruck „Specimen" eben die vom Kandidaten selbst verfaßte Magisterarbeit bezeichnet wurde im Gegensatz zur Dissertation, die gewöhnlich ein Professor schrieb. Die Dissertation, die Hölderlin mit Hegel u. a. zusammen verteidigte, war, wie schon erwähnt, von dem Professor A. Fr. Böck verfaßt worden.

Auf 34½ Seiten stellt Hölderlin im Anschluß an antike und neuere Schriftsteller, besonders an Winckelmanns „Geschichte der Kunst des Alterthums" die Geschichte der Künste bei den Griechen dar.

Die Arbeit zerfällt in zwei Teile. Im ersten (S. 1—17) wird die Entwicklung der Künste in Jonien, im zweiten (S. 17

bis 34) die Entwicklung der Künste auf dem griechischen Festland, speziell in Athen, behandelt.

In der Einleitung schreibt Hölderlin von der Kunst als der großen Macht im Leben der „freien, heiteren" Griechen, als der Fülle, aus der ihre Gesetzgeber, „Volkslehrer", Feldherrn und Priester schöpften. Hölderlin redet davon, wie der Grieche die Götter nach seinem Bild gestaltete: er legte ihnen die körperliche Schönheit bei, die er selbst besaß und gab ihnen sein Eigentum: „Froliche Laune, gemischt mit männlichem Ernst" und „Empfänglichkeit für das Schöne". Das „künftige ästhetische Volk" sieht Hölderlin schon in den Spuren der ältesten Periode hellenischer Kultur: „Überall war Freiheit, froher Heldenmuth, sinnliche Schönheit, und Bewußtsein derselben".

Von den Künstlern der ionischen Welt sucht Hölderlin besonders der Persönlichkeit und der Dichtung Sapphos gerecht zu werden (S. 15 f.): „Sappho ist von den meisten Kritikern und Literatoren hart beurtheilt worden. Wer wollte aber einem Weibe, wie sie war, jzt Ausschweifung vorwerfen, wer bemitleidet sie nicht lieber, wenn sie von ihrem Volk geschmät, von Phaon verlassen und verachtet, aus ihrem Vaterlande fliet! wenn sie, deren Talente und Bildung sie soviel zu fodern berechtigten, sie, die sich über tausend ihrer Zeitgenossinnen erhaben sah, von jeder Freude des Lebens ausgeschlossen, von keiner Seele bedaurt, im Gedrenge des Misgeschiks und der Leidenschaft sich vom Felsen stürzt! Wer bewundert sie nicht lieber, wenn er siet, wie ungeachtet ihrer niederdrükenden Schiksaale ihr küner männlicher Geist ein. Gesang erhebt, wie sie mit solch unnachahml. Heftigkeit ihre Empfindungen schildert, und doch dabey so genau wie der kalte Beobachter, jede kleine Bewegung derselben belauscht! Wer bewundert sie da nicht lieber, als daß er ihr Laster vorwirft, die entweder helle Schmähung oder die unwillkürl. Auserungen ihrer unglükl. Liebe sind".

Noch höher als die Blüten ionischer Kunst stellt Hölderlin die Kunst der Athener (S. 17 f.): „Unter den Athenern erreichten die schöne Künste eine Vollkommenheit und eine

Mannigfaltigkeit, wie unter keinem Volke der Vor- und Nachwelt. Trauerspiel, Ode, und Lied, Bildhauerei, Mahlerei, und Baukunst wurden unter ihnen Ideale aller folgenden Zeiten".

Von der athenischen Plastik sagt er (S. 21 f.): „Ihr Geist war izt systematisch idealisch. Die fein organisierte Griechen konnten nicht wie die Egypter in das Wunderbare, und Groteske fallen, wenn sie ihre Götter und Götterhelden bildeten. Sie samleten sich aber aus denen in der Natur verstreuten Vorzügen ein Ganzes, und bildeten darnach ihre Götter und Götterhelden, mit dem Unterschiede, daß in jenen erhabene Ruhe, in diesen sichtbare hervorspringende Kraft das Carakteristische war. So wurde die Bildhauerei idealisch. Aber die Künstler bemerkten bald, wie der idealische Entwurf der Phantasie sich so gern verliert, sie suchten also gewiese Regeln anzugeben, nach denen jenes Carakteristische ihrer Ideale in das Verhältniß derselben zu dem Ganzen, die Proportion sich ausführen liesse. Und so ward die Bildhauerei systematisch idealisch".

Bezeichnend für die politischen Anschauungen Hölderlins ist die Art, wie er Harmodios und Aristogeiton als diejenigen bezeichnet, die die große Periode eröffneten, „in welcher die schönen Künste Griechenlands zu einer beinahe unerreichbaren Höhe gelangte[n]":

„Zwei junge Helden Harmodius und Aristogiton waren's, die zuerst das große Werk der Freiheit begannen. Alles ward durch die kühne That begeistert. Die Tyrannen wurden ermordet, oder verjagt, und die Freiheit war in ihre vorige Würde hargestellt. Nun erst fülte der Athener seine Kraft ganz. Die beständige Gefärtin der griechischen Größe, die Kunst, that gewaltige Fortschritte. Trefliche Meister standen auf, um bald von treflichern Schülern übertrofen zu werden. Aeschilus bearbeitete das Trauerspiel, Sophokles vervollkommete es. Eleadas war Muster für Phidias, Ageladas für Polyklet. Polyklet und Phidias wurden Meister für Jarhunderte."

Sehr hoch wertet Hölderlin die Werke der griechischen Tragiker. „Nichts war dem Genius des damal. Griechenlands angemessener als das Trauerspiel" (S. 25). Von Aischilos schreibt er: „Seinen Prometheus muß auch der kälteste b e w u n d e r n: aber gerürt wird man nicht so leicht in seinen Stüken. Sein Ausdruck ist erhaben, kriegerisch, stolz; wie seine Zeitgenossen" (S. 26).

Die Kunst des Sophokles und des Euripides stellt Hölderlin folgendermaßen dar: „So wie Aeschilus im Geist seiner kriegerischen Dezenne schrieb, so Sophokles im Geist seiner kultivirten Epoke. Ganz die Mischung von stolzer Männlichkeit und weiblicher Weichheit. Der reine überdachte, und doch so warm hinreißende Ausdruk, der den Perikläischen Zeiten eigen war! Überall Leidenschaft von Geschmak geleitet! Sophocles steht zwischen Äschilus und E u r i p i d e s inne. Dieser ist schon weichlicher, empfindsamer" (S. 31).

Am höchsten im Reiche der Dichtkunst stellt er P i n d a r: „Nun aber treffen wir auf einen Mann, bei dem sich leicht alles vorige vergessen liesse: es ist Pindarus: Wir bewundern, die Griechen vergötterten ihn". „Ich möchte beinahe sagen, sein Hymnus seye das Summum der Dichtkunst. Das Epos und Drama haben größeren Umfang, aber eben das macht Pindars Hymnen so unerreichbar, eben das fodert von dem Leser, in dessen Seele seine Gewalt sich offenbaren soll, soviel Kräfte und Anstrengung, daß er in dieser gedrängten Kürze die Darstellung des Epos und die Leidenschaft des Trauerspiels vereinigt hat" (S. 27 f.).

Der größte im Reiche der P l a s t i k war in Hölderlins Augen: P h i d i a s, „der erste gröste Künstler aller vergangenen, und künftigen Jarhunderte" (S. 31). „Das systematische, das diesem, wie allen seinen Zeitgenossen eigen war, die harten Umrisse, die Phidias vor sich sah, lehrten ihn Präzision, und war eine nötige Vorbereitung zu seiner Vollkommenheit. Sein Genie fülte aber bald, daß diese Fesseln die Würkung seiner Kunst merkl. einschrenkten. Er benuzte sie also blos, um sie nicht von dem Ideal seiner Einbildung zu verlieren. Aber dieses Ideal entsprang unmittelbar aus der schöpferischen Seele.

Dieses Ideal war von jeder Schlake frei, welche dem Bilde vielleicht mehr Ausdruk gegeben, aber eben dadurch die edle Einfalt, das der Bildhauerei so ganz eigentüml. decorum verdorben hätte. So ward sein Jupiter. Er war nicht der zürnende Jupiter. Zorn ist vorübergehend; das Bild steht ewig, wies gebildet ist. Zorn entstellt, das Bild des Griechen sollte schön sein, auch bei der höchsten denkbaren Würde. Der zürnende Jupiter ward also unter Phidias Hände der ernste Jupiter. Majestätische Ruhe carakterisirte die Götter Gestalt" (S. 31 f.). —

Nachdem Hölderlin diese beiden Arbeiten eingereicht und das Examen rigorosum sowie die Disputation überstanden hatte, war er Magister und begann T h e o l o g i e zu studieren. Denn: „sobald man Magister ist, bekommt man im Stift täglich eine Kanne Wein und studiert Theologie".[27])

Nach dem Inspektoratsbericht vom 5. Juni 1790 hatte Hölderlin nun folgende Lektionen zu hören:

Im ersten Jahr: drei, nämlich Dogmatik, Exegese und (im Sommersemester) theologische Moral.

Im zweiten Jahr: vier, nämlich Dogmatik, Exegese, Polemik und (im Sommersemester) theologische Moral.

Im dritten Jahr: zwei, nämlich Exegese und Polemik.

Was die Lehrer betrifft, so bestand die theologische Fakultät in dieser Zeit aus den Professoren Joh. Friedr. L e b r e t, Ludw. Jos. U h l a n d und Gottlob Christian S t o r r. Joh. Fr. Märklin hatte seit 1779 einen Lehrauftrag. 1792 trat Joh. Friedr. F l a t t (s. o.) an seine Stelle.

Johann Friedrich L e b r e t,[28]) geboren 1732, war der Enkel eines französischen Emigranten, studierte im Stift, war Hauslehrer in Venedig und hatte in den Bibliotheken von Venedig, Ferrara, Bologna, Pisa und Rom gearbeitet, hatte sich in Neapel aufgehalten und in Rom häufig mit dem Kardinal Ganganelli, der später als Papst Clemens XIV. den Jesuitenorden aufhob, verkehrt. In die Heimat zurückgekehrt, war er als Gymnasialprofessor, Bibliothekar und Examinator an der Academie militaire in Stuttgart tätig. 1775 begleitete er den Herzog Karl nach Italien, nach seiner Rückkehr wurde er 1779 zum Konsistorialrat, 1782 zum Kanzler der Karlsschule und 1786 zum herzoglichen Rat, ersten Theologieprofessor, Kanzler der Universität Tübingen, Propst der St. Georgen-(Stifts-)Kirche und Abt von Lorch ernannt. Er starb in Tübingen 1807. Seine literarischen Publikationen behandeln die Gebiete der deutschen und italienischen Geschichte und Kirchengeschichte, er schrieb u. a. eine Geschichte der Republik Venedig und eine Geschichte von Italien. Besonderes Aufsehen erregte seine „Sammlung der merkwürdigsten Schriften die Aufhebung des Jesuitenordens betreffend" 1773—74. Lebret zeigt sich in seinen Schriften als typischen Vertreter der Aufklärung und begeisterten Kosmopoliten. Als Dozent scheint er sich nicht besonders hervorgetan zu haben. Zu Hölderlins Zeit las er im Wintersemester 1790/91, im Sommersemester 1791 und im Wintersemester 1791 auf 1792 über die Controversien nach S. Fr. N. Morus [29]) (öffentlich), außerdem im Wintersemester 1790/91 Kirchengeschichte seit der Völkerwanderung nach J. M. Schröckh [30]) (privatim), im Wintersemester 1791/92 Kirchengeschichte vom 11. Jahrhundert an, nach Schröckh (privatim), im Sommersemester 1792: Polemik, Behandlung der Kontroversien de mediis gratiae und de novissimis (öffentlich) und theol. Literaturgeschichte nach Noesselt.[31]) Im Wintersemester 1792/93 las er Kirchengeschichte des 18. Jahrhunderts (öffentlich) und Kirchengeschichte vom Baseler Konzil bis zum Westfälischen Frieden, nach Ph. K. Henke [32]) (privatim). Im Sommersemester 1793 las er Geschichte der Deisten und Antideisten und Geschichte der lutherischen Kirche des 18. Jahrhunderts. — Für Hölderlin hatte Lebret als Vater der Elise Lebret, der „Lyda", eine besondere Bedeutung.

Ludwig Joseph Uhland,[33]) der Großvater des Dichters, ist geboren in Tübingen 1722, studierte im Stift, war vorübergehend im unständigen Kirchendienst verwendet, wurde 1746 Repetent am Stift, darauf Diakonus in Marbach und Tübingen, 1761 ordentl. Professor der Geschichte an der Tübinger Universität. Als solcher las und schrieb er über württembergische Geschichte. 1772 wurde er Ephorus des Stifts, 1776 außerordtl. 1777 ordtl. Professor der Theologie und Superattendent des Stifts. Als Theologieprofessor las er über alttestamentliche Disziplinen, biblische Altertümer, Exegese des Neuen Testaments, Liturgik und Symbolik. Zur Zeit Hölderlins las er: Wintersemester 1790/91, vormittags 9—10 Uhr: Weissagungen Michas, Habakuks und Zephanjas (öffentl.), nachmittags 4—5 Uhr: Christliche Altertümer nach J. S. Baumgarten [34]) (privatim); Sommersemester 1791, vorm. 9—10 Uhr: Weissagungen Haggais und Maleachis (öfftl.), nachm. 4—5 Uhr: Christl. Altertümer (priv.); Wintersemester 1791/92, vorm. 9—10 Uhr: Weissagungen Sacharjas (öfftl.), nachm. 4—5 Uhr: Einführung in die symbol. Bücher der lutherischen Kirche nach Baumgarten (priv.); Sommersemester 1792, vorm. 9—10 Uhr: Hosea (öfftl.), nachm. 4—5 Uhr: Einführung in die symbol. Bücher der lutherischen Kirche, Forts. (priv.); Wintersemester 1792/93, vorm. 9—10 Uhr: Jesaja (öfftl.), nachm. 4—5 Uhr: Einführung in die lutherische Liturgie (priv.); Sommersemester 1793, vorm. 9—10 Uhr: Jesaja, Forts. (öfftl.), nachm. 4—5 Uhr: Liturgik, Forts. (priv.).

Der bekannteste der damaligen Theologieprofessoren Tübingens war S t o r r, der Begründer der älteren Tübinger Schule.

Gottlob Christian S t o r r,[35]) geboren 1746 in Stuttgart, studierte im Stift, ging nach seinem Konsistorialexamen auf Reisen, besuchte nacheinander die Niederlande, England und Frankreich, war 1772—75 Repetent am Stift, wurde 1775 außerordtl. Professor an der philos. Fakultät, 2 Jahre darauf (zur Jubelfeier der Universität) Doktor und außerordtl. Professor der Theologie, 1786 ordtl. Professor und Superattendent des Stifts. Er las über Exegese, biblische Glaubenslehre, Geschichte des Kanons und Moraltheologie. 1797 berief ihn der Herzog nach Stuttgart als Oberhofprediger und Konsistorialrat. Dort starb er 1805. Sein Wegzug von Tübingen war ein Verlust für die Universität, denn Storr war ein hervorragender Lehrer.[36]) Gelehrsamkeit und Scharfsinn, Selbständigkeit im Urteil, Klarheit und Präzision im Ausdruck schätzten seine Kollegen und seine Schüler an ihm. Als Kanzelredner hatte er einen außerordentlichen Zulauf. Seine schriftstellerische Tätigkeit erstreckte sich besonders auf die Gebiete der neutestamentlichen Exegese und Literaturgeschichte, sowie der Dogmatik. Seine „Doctrina christiana e sacris litteris repetita" wurde das offizielle Lehrbuch der Dogmatik in Württemberg. Seine „Annotationes theologicae ad philosophicam Kantii de religione doctrinam" von 1793 zeugen von eindringendem Studium Kantischer Philosophie und wurden von Kant gewürdigt. — Storr war Supranaturalist und Biblizist. Dogmatik und Theologie des Neuen Testaments waren in seinen Augen identisch. Er wollte die in der Bibel enthaltene Lehre Jesu darstellen und verteidigen. Ohne sich um die charakteristischen Unterschiede der einzelnen Schriften zu kümmern, faßte er die Bibel als eine einheitliche Größe, als ein dogmatisches Lehrbuch auf und gab sich Mühe, diejenigen Stellen, die einander widersprachen, durch eine gewaltsame Exegese so zu interpretieren, daß sie zusammenstimmten. In seiner Apologetik suchte Storr zuerst die „Ächtheit" und „Integrität" der neutestamentlichen Schriften (durch Hinweis auf die Tradition) zu beweisen. Sodann begründete er die historische Glaubwürdigkeit der neutestamentlichen Berichte einerseits durch den Hinweis auf die Tatsache, daß diese Zeugen Gelegenheit hatten, die Wahrheit zu wissen, andererseits dadurch, daß er auf den „Charakter" dieser Erzählungen aufmerksam machte, der den Leser davon überzeuge, daß hier Wahres berichtet werde. — Aus dem Bisherigen ergibt sich für Storr, daß der Stifter des Christentums sich tatsächlich für einen „göttlichen Gesandten" ausgab, der seine Lehre von Gott empfangen habe. — Daß aber Jesus damit die Wahrheit sagte, erhellt aus seinem Charakter: „Man darf ihm auf sein Wort glauben, weil er ein Mann von einer solchen Denk- und Handlungsart war". „Aber vorzüglich beweisend für die Wahrheit der Aussagen Jesu von der Göttlichkeit seiner Sendung sind diejenigen Werke Jesu, die man Wunder nennt." Ergo ist Jesu Lehre über Gott usw. göttlichen Ursprungs, mithin wahr.

Das sind Beweisgänge, die wir auch in einem Briefe Hölderlins (bei C. Litzmann Nr. 50) wiederfinden.

Storr las zur Zeit Hölderlins von Wintersemester 1790/91 bis Sommersemester 1792 von 8—9 Uhr vorm.: Dogmatik nach Sartorius (öfftl.), Wintersemester 1792/93 und Sommersemester 1793 zur selben Stunde: Dogmatik nach Morus (öfftl.). Daneben las er in privaten Kollegien nachm. 5—6 Uhr im Wintersemester 1790/91: Johannesevangelium, im Sommersemester 1791: Römerbrief, im Wintersemester 1791/92: kleinere paulin. Briefe, im Sommersemester 1792: Hermeneutik des Neuen Testaments nach J. A. Ernesti,[37]) im Wintersemester 1792/93 und im Sommersemester 1793: Matthäus, Markus und Lukas. —

Johann Friedrich Märklin,[38]) geboren 1734, studierte im Stift, war 1760 Repetent, später Diakonus in Waiblingen und Tübingen, wurde 1777 Dr. theol., war seit 1779 als „eine Art von Privatdozent" (Weizsäcker) der theol. Fakultät beigegeben und las oriental. Sprachwissenschaft, theol. Literaturgeschichte, Ethik, neutest. Disziplinen und prakt. Theologie. 1791 wurde er herzogl. Rat, Propst und Generalsuperintendent in Denkendorf. — Zu Hölderlins Zeit las er (nachmittags von 2—3 Uhr) im Wintersemester: 1790/91: Praecepta theologiae moralis de officiis, im Sommersemester 1791: Moraltheologie (öfftl.) und Homiletik (priv.), im Wintersemester 1791 auf 1792: Homiletik und Katechetik (priv.).

Als Märklin Propst in Denkendorf wurde, trat an seine Stelle: Johann Friedrich Flatt.[39]) Er las im Sommersemester 1792: Moraltheologie nach J. Chr. Doederlein [40]) (öfftl.), Homiletik (priv.), im Wintersemester 1792/93: Theol. Encyclopädie und Methodologie (nach Bedürfnis) öfftl., Philipper-, Kolosser-, Philemon-, Jakobusbrief, Johannesbriefe (priv.) und hielt homiletische Übungen (privatissime); im Sommersemester 1793 las er: Moraltheologie nach Doederlein (öfftl.), sowie eine Vorlesung: „Von der richtigen Art, die christlichen Dogmen populär zu erklären" (priv.) oder eine solche über das Thema: „Vergleich von Kants Kritik der praktischen Vernunft mit den Principien der christl. Lehre" (priv.) und außerdem homiletische Übungen (privatissime).

Die Vorlesungen der Dozenten Maerklin und Flatt über praktische Theologie wurden ergänzt durch homiletische und katechetische Übungen unter Leitung der Repetenten. Die Predigtübungen der Stiftsmagister fanden ursprünglich in der „Communität",[41]) seit 1793 im Sommer in der Klosterkapelle, im Winter in der „Communität" statt.[42]) Ursprünglich wurden sie während des Mittagessens gehalten, wobei täglich nur einer predigte, so daß jeder Magister etwa alle 6 Wochen einmal zu predigen hatte.[43]) Die Statuten von 1793 [44]) setzten fest, daß die Predigten an Sonn- und Festtagen nachmittags von 2 bis ½4 Uhr, Donnerstag vormittag von ½10 bis 11 Uhr gehalten werden sollen. Und zwar predigten dann immer 5 Kandidaten nacheinander: einer von der neuen, zwei von der mittleren und zwei von der ältesten Magisterpromotion. Zu Anfang und zum Schluß wurden einige Strophen aus dem offiziellen Gesangbuch gesungen. Zwei Tage, ehe der betr. Kandidat seine Predigt hielt, hatte er sein Konzept samt einer lateinischen Disposition seinem Repetenten einzureichen.[45]) Nachdem die Predigt gehalten war, hatte der betr. Magister sein Konzept abermals dem Repetenten einzuhändigen, dieser übergab es dem Inspektorat und darauf wurden dem Redner die nötigen homiletischen Belehrungen erteilt. Vor 1793 hatte der Prediger sogleich nachdem er die Predigt gehalten hatte, auf dem „Herrentrippel" die kritischen Bemerkungen der Inspektoren entgegenzunehmen.[46])

Während die Gottesdienste in der Schloßkirche ursprünglich von einem eigenen Schloßprediger gehalten wurden, bestimmen die Statuten von 1793,[47]) „damit es nicht an Übung fehlen möge, auch vor einer ordentlichen Gemeine mit der nötigen Feyerlichkeit, mit Herablassung zu den Zuhörern, mit Affekt und nachdrücklicher Anwendung der Religionslehren reden zu lernen", daß diejenigen Angehörigen der ältesten Promotion, die die beste Anlage zum Predigen zeigten, und eine „gute Aufführung" hätten, statt der Predigt im Kloster abwechselnd die Predigt in der Schloßkirche halten sollten.

Die Art, wie Hölderlin predigte, lernen wir aus dem von Theodor Haering d. J. aufgefundenen Predigtkonzept und aus dem Brief Nr. 50 (bei C. Litzmann) kennen. Sowohl diesen Fragmenten als einer Äußerung Hölderlins in einem andern Brief [48]) entnehmen wir, daß ihm das Predigen nicht immer bloß eine lästige Pflicht war, daß er vielmehr zu Zeiten aufgelegt war, „recht vom Herzen weg zu reden".

Auch an katechetischen Übungen hatte Hölderlin sich zu beteiligen.[49]) Nach den Statuten von 1793 fanden sie am Sonntag mittag in der Hospitalkirche unter Leitung des Repetenten statt, der vormittags dort gepredigt hatte.[50]) Die Kandidaten waren angewiesen, sie sollten darauf achthaben, „die Lehrsätze zu simplificieren, zu zergliedern, und aus der Natur und dem gemeinen Leben zu erklären, meist fragen, durch leichte Fragen sich den Weg zu den schwereren bahnen, die Fragen verständlich und nach der Fassungskraft der Subjekte einrichten, die Antworten auffassen und berichtigen, und die Katechumenen immer in Begierde und Aufmerksamkeit zu erhalten suchen".

Außer diesen Übungen hatte Hölderlin in den letzten Jahren des theologischen Studiums sich an den öffentlichen theologischen Disputationen zu beteiligen und im letzten Semester seines Studiums selbst eine „Disputation" unter dem Vorsitz eines Professors zu verteidigen. Er mußte endlich auch die Übungen der Repetenten über Dogmatik, den sog. „Locus Theologicus" besuchen.[51]) Dieser fand regelmäßig am Montag nachmittag von 3—4 Uhr statt und trug den Charakter einer examinatorischen Repetition der dogmatischen Lehrstücke des theologischen Compendiums von Sartorius.

In mehr oder weniger engem Zusammenhang mit den Vorlesungen und Übungen stand das Privatstudium Hölderlins.

Er war ein eifriger Student. Im Sommer 1790[52]) schreibt er an seine Mutter: „Wir sizen fleißig an unsren Schreibepulten, nicht weil wir müßen, sondern weil die Freude des Studirens mit jedem Tage, den ich weiter fortrüke, auch größer wird". Und in einem Brief an seine Schwester aus demselben Jahr[53]) schreibt er: „Denken und schaffen zu jedem Augenblike, wo die Natur es vermag. Höre Rike! Es ist ein wunderlich Ding! Der Wunsch, was zu lernen, kan jeden andern Wunsch verschlingen! Glaube mir das". In einem andern Brief verrät er der Schwester, er habe ein Kräutlein gefunden, das ihn die täglichen kleinen Widerwärtigkeiten vergessen lasse: „Beschäftigung des denkenden Geistes".

Gerade weil Hölderlin der Muse gehorchend einerseits nicht bloß auf dem „philosophischen und theologischen Altare" opfern, andererseits doch diese seine pflichtmäßigen Studien nicht vernachlässigen wollte, mußte er eifrig arbeiten. Gegen Ende seiner Studienzeit schreibt er an Neuffer:[54]) „Schlag vier bin ich Morgens auf, und koche meinen Koffee selbst und dann an die Arbeit. Und so bleib ich meist in meiner Klause bis Abends". Seiner Schwester gesteht er einmal,[55]) daß sein Kopf vom langen Nachtwachen so schwer sei, daß er alle Mühe habe, etwas auf das Papier zu bringen.

Daß Hölderlin seine pflichtmäßigen Studien nicht vernachlässigte, dafür spricht das Zeugnis, das ihm zum Schluß seines Studiums von Inspektorat und Repetenten ausgestellt wurde.[56]) Seine innerste Neigung trieb ihn freilich zu anderer Betätigung. Auch von dieser berichtet das Abgangszeugnis. Damals schrieb Hölderlin die *Hymnen an die Ideale der Menschheit* und begann seinen *Hyperion*. Hölderlins Liebe galt der Dichtkunst und der Welt der Griechen. Er nennt sie „*seine* Griechen".[57]) Als Neuffer einmal *Schubart* einen Besuch machte und diesem von Hölderlin erzählte, wies er darauf hin, daß griechische Literatur dessen „Stekenpferd" sei (Litzmann Nr. 30). Hölderlins wehmütig-sehnendes Verlangen nach dem Griechentum ist am schönsten ausgedrückt in dem Gedicht: „Griechenland" (an Gotthold Stäudlin), das schließt mit den Worten:

„Mich verlangt ins beß're Land hinüber,
Nach Alcäus und Anakreon,
Und ich schlief im engen Hause lieber,
Bei den Heiligen in Marathon!
Ach! es sei die lezte meiner Tränen,
Die dem heil'gen Griechenlande rann,
Laßt, o Parzen, laßt die Scheere tönen!
Denn mein Herz gehört den Todten an".[58])

Bald mit den Freunden, bald allein, versenkt er sich in die Gedankenwelt Platons. In einem Brief an Neuffer[59]) teilt er diesem mit, er habe an Stäudlin geschrieben: „Neufers stille Flamme wird immer herrlicher leuchten, wenn vielleicht mein Strohfeuer längst verraucht ist; aber dieses vielleicht schreckt mich eben nicht immer, am wenigsten in den Götterstunden, wo ich aus dem Schoose der beseeligenden Natur, oder aus dem Platanenhaine am Ilissus zurükkehre, wo ich, unter Schülern Platons hingelagert, dem Fluge des Herrlichen nachsah, wie er die dunkeln Fernen der Urwelt durchstreift, oder schwindelnd ihm folgte in die Tiefe der Tiefen, in die entlegensten Enden des Geisterlands, wo die Seele der Welt ihr Leben versendet in die tausend Pulse der Natur, wohin die ausgeströmten Kräfte zurükkehren nach ihrem unermeßlichen Kreislauf, oder wenn ich trunken vom Sokratischen Becher und sokratischer geselliger Freundschaft am Gastmahle den begeisterten Jünglingen lauschte, wie sie der heiligen Liebe huldigen mit süßer feuriger Rede, und der Schäker Aristophanes drunter hineinwizelt, und endlich der Meister, der göttliche Sokrates selbst mit seiner himmlischen Weisheit sie alle lehrt, was Liebe sei — da, Freund meines Herzens, bin ich dann freilich nicht so verzagt, und meine manchmal, ich müßte doch einen Funken der süßen Flamme, die in solchen Augenbliken mich wärmt, und erleuchtet meinem Werkchen, in dem ich wirklich lebe und webe, meinem Hyperion mitteilen können, und sonst auch noch, zur Freude der Menschen zuweilen etwas ans Licht bringen".

Außer Platon las Hölderlin besonders die griechischen Tragiker. Von dem Studium derselben zeugt die Magisterarbeit über die Geschichte der schönen Künste unter den Griechen. Aus dieser Arbeit entnehmen wir auch, daß Hölderlin sich eifrig mit Winckelmanns Geschichte der Kunst des Altertums und mit den antiken Quellen zur Geschichte der griechischen Kunst beschäftigte.

Neben der „Gesellschaft der heiligen Muse" und dem geistigen Verkehr mit seinen Griechen trieb Hölderlin eine Zeitlang astronomische Studien.[60]) Ganz besonders aber beschäftigte er sich mit Philosophie. Er las, wie er seiner Mutter schreibt, Schriften von und über Spinoza. Er versenkte sich in Jacobi, „Über die Lehre des Spinoza in Briefen an den Herrn Moses Mendelssohn".[61]) Im Herbst 1790[62]) schreibt er seinem Freund Neuffer: „Leibniz und mein Hymnus auf die Wahrheit haussen seit einigen Tagen ganz in m. Capitolium. Jener hat Einfluß auf diesen". Auch die „Melodie an Lyda" ist ganz von den Gedanken Leibnizens beherrscht.

Mit den Ideen der Ästhetiker aus der Schule von Leibniz und Wolff, mit Baumgartens, Sulzers und Mendelssohns Theorien zeigt er sich in seiner Magisterarbeit wohl vertraut. Auf Mendelssohn speziell mag er einerseits durch den Professor A. Fr. Böck, der Ästhetik nach Mendelssohn las, und durch den Repetenten Conz, der 1787 einen Panegyrikus auf Mendelssohn[63]) verfaßte, hingewiesen worden sein.

Mit besonderer Vorliebe studierte er die Schriften des holländischen Philosophen Hemsterhuis, den Herder so sehr schätzte. Es ist nicht unwahrscheinlich, daß Hölderlin bei der Wahl des Namens Diotima (statt Melite) durch das Vorbild von Hemsterhuis geleitet wurde,[64]) der auch mit einer „Diotima", der Fürstin Amalie von Gallitzin, Briefe gewechselt hatte (vgl. Jakobibriefe, 2. Aufl., (Vorrede) XII u. S. 307 ff.).

1791 läßt Hölderlin sich vom großen Jean Jacque[s] über Menschenrecht belehren.[65]) Die Hymne an die Menschheit hat ein Wort Rousseaus zum Motto und ist ganz in seinem Geist geschrieben. Schiller und G. Stäudlin waren Verehrer Rousseaus. Und Hegel las als Stiftler nichts so gern wie Rousseaus Emile, Contrat social und Confessions.[66])

Mit Kant beschäftigte sich Hölderlin — zum mindesten am Ende seiner Studienzeit — mit solchem Eifer, daß es sogar in seinem Abgangszeugnis vermerkt wurde. In einem Brief an Neuffer vom Sommer 1793[67]) schreibt er: „Und so bleib ich meist in meiner Klause bis Abends; oft in der Gesellschaft der heiligen Muse, oft bei meinen Griechen; jezt gerade wieder in Hrn. Kants Schule ...“ In einem andern Brief (an seinen Bruder) vom 2. November 1797[68]) berichtet er, wie ihm einst der Geist Kants fremd gewesen sei, wie die Lektüre Kants ihm Schwierigkeiten bereitet, aber die tägliche Überwindung solcher Schwierigkeiten ihm auch immer wieder ein Bewußtsein seiner Freiheit gegeben habe. — Wie sehr Hölderlin bei seinen Studienfreunden als Kantianer galt, geht aus dem Brief Magenaus an Neuffer vom 6. Juni 1797 hervor, in dem jener schreibt: „An Hölderlin schließe ich Dir ein paar Zeilen bei. Sn. Hyperion habe ich nicht gelesen, erwarte aber nichts Schlechtes, wenn der Roman nur nicht eitel kantisch ist, sonst muß ich auf die Freude, ihn zu lesen, Verzicht thun, und das wäre mir leid“. In dem Interesse für die Philosophie Kants wurde Hölderlin durch den Professor Joh. Friedr. Flatt, der über Kant las, durch den Repetenten C. J. Diez, diesen „Kantschen enragé,“ und durch den ganzen Kreis, der sich damals im Stift mit Kant beschäftigte,[69]) bestärkt.

Auch mit Herders Schriften machte sich Hölderlin vertraut. Aus der Magisterarbeit: „Parallele zwischen Salomons Sprüchwoertern und Hesiods Werken und Tagen“ von 1790 geht hervor, daß er damals schon die Schrift „Vom Geist der Ebräischen Poesie“ und die „Briefe, das Studium der Theologie betreffend“ kannte. Die letzteren zitiert er in der Arbeit.

Wenn Hölderlin sich in diesem Specimen mit einer alttestamentlichen Schrift befaßt, so mag er zu diesen Studien einerseits durch den Ephorus Schnurrer, der damals über Proverbien las, andererseits aber auch durch die Lektüre Herders angeregt worden sein.

Mit besonderer Liebe versenkte sich Hölderlin in die Werke der zeitgenössischen Dichter. Klopstock, Matthisson und Schiller übten einen großen Einfluß auf seine Dichtung aus. Als Matthisson ihn einmal in Tübingen besuchte, las Hölderlin ihm seinen Hymnus an die Kühnheit vor. In seiner Freude darüber habe Matthisson den Dichter in seine Arme geschlossen.[70]) Von Schillers Dramen las Hölderlin mit Begeisterung: Don Carlos. Im Jahr 1799 [71]) schreibt er an Schiller, der Don Carlos sei lange Zeit die „Zauberwolke" gewesen, in die der gute Gott seiner Jugend ihn gehüllt habe, damit er nicht zu frühe das Kleinliche und Barbarische der Welt um ihn her sähe. Von Schillers Gedichten war ihm das „Lied an die Freude" besonders lieb. Heinse übte mit seinem „Ardinghello" auf die Entwicklung des Hyperion einen starken Einfluß aus.[72]) An die Spitze seiner „Hymne an die Göttin der Harmonie" setzte Hölderlin ein Wort aus „Ardinghello".[73])

III. Freundschaft und Liebe.

„Ich bin deß täglich gewißer, daß Lieb und Freundschaft die Fittige sind, auf denen wir jedes Ziel erschwingen," schrieb Hölderlin im Spätherbst 1791 [1]) an seinen Herzensfreund Neuffer. — Wenn diese Worte auch damals in erster Linie im Blick auf die Liebe und die „süßen Bande" geschrieben waren, in denen den Dichter sein „Herzensmädchen" hielt, so war doch tatsächlich Hölderlin noch weit mehr zur Freundschaft als zur Liebe geboren.

In der Freundschaft sah er die hohe Priesterin, die in der Brust des jungen Mannes das Feuer der Begeisterung für die Ideale der Menschheit schürt, die Trösterin in allem Ungemach des Lebens, das hohe Gut, das den Edlen Fürstengunst und schnödes Geld lächelnd missen läßt. Im Anschluß an den Mythus in Platons Symposion stellt Hölderlin die Freundschaft dar als das Kind des Ares und der Aphrodite, das den Edelmut vom Vater und die Liebe von der Mutter erbte. Freundschaft ist ihm Befriedigung des sehnenden Verlangens, sich an andre hinzugeben und die Hingebung anderer zu erfahren, die starke Macht, die Stolz und Liebe (im engeren Sinn) besiegt und dadurch den Menschen wieder zur Natur zurückführt: [2])

„Ha! in deinem Schooße schwindet
Jede Sorg' und fremde Lust;
Nur in deinem Himmel findet
Sättigung die wilde Brust;
Frommen Kindersinnes wiegen
Sich im Schooße der Natur —
Ueber Stolz und Liebe siegen
Deine Auserwählten nur. —

Dank, o milde Seegensrechte!
Für die Wonn' und Heiligkeit,
Für der hohen Bundesnächte
Süße küne Trunkenheit;
Für des Trostes Melodieen,
Für der Hofnung Labetrank,
Für die tausend Liebesmühen
Weinenden entflammten Dank!"

Freundschaft, wie er sie suchte und brauchte, fand Hölderlin im Tübinger Stift. Während sich die Beziehungen zu Immanuel Nast, dem Maulbronner Kameraden, allmählich lösten, schloß er sich hier an zwei andre Freunde an, denen er sich völlig hingab und von denen diese Hingebung mit ganzer Seele erwidert wurde, mit denen er so verbunden war, daß die drei jungen Menschen sich wie „eine Seele in drei Leibern"[3]) fühlten, es waren: Ludwig Neuffer und Rudolf Magenau.[4])

Besonders herzlich war das Verhältnis Hölderlins zu Neuffer. Davon berichten Briefe und Gedichte.[5]) Hölderlin nennt ihn „Herzensfreund",[6]) „Bruder seiner Seele",[7]) „Herzensbruder".[8]) Er weiß, wie viel ihm der Freund ist.[9]) Im Sommer 1793 schreibt er ihm:[10]) „Du kanntest Dich selbst nicht: wie solt' ich Dich kennen? als den, der meine erste Freundschaft, und dessen Freundschaft mir lieber, als meine erste Liebe war".

Christian Ludwig Neuffer[11]) ist geboren zu Stuttgart am 26. Januar 1769 als Sohn des Registrators am Evang. Konsistorium Ludwig Erich Neuffer und seiner Frau Maria Magdalena Elisabeth geb. Pelargus. Schon als Kind versuchte er sich im Dichten. Er erzählt selbst, wie er Hübners Reimlexikon in die Hände bekam und nun auch versuchte, „so etwas zu machen" und wie diese Versuche Anklang fanden: „Manche ehrwürdige Matrone wunderte sich, daß der kleine Ludwig so fromme Verse machen könne, fast wie im Gesangbuch. Da hieß es dann: der muß ein Geistlicher werden".

Neuffer besuchte das Gymnasium seiner Vaterstadt und erhielt Privatunterricht in der Metrik „zum Behuf lateinischer und griechischer Verse". Als die Eltern sich einer pietistischen Gemeinschaft anschlossen, wohnte auch der Sohn „mit inniger Teilnahme" den Erbauungsstunden an. „Es fehlte nicht viel, so wäre ich ein Schwärmer geworden, weil meine Phantasie durch leise religiöse Berührungen anfing in überspannte Thätigkeit zu geraten," berichtete er später über diese Zeit.

An die im Stuttgarter Obergymnasium verbrachten Jahre erinnerte er sich ungern. Er vermißte im Unterricht Gründlichkeit und ästhetischen „Geschmack". Damals versuchte er sich in metrischen Übersetzungen der Dichter, die im Unterricht behandelt wurden. Von besonderer Wichtigkeit war es, daß er in jener Zeit mit Gotthold Stäudlin bekannt wurde. Ein Bruder des Dichters war sein Klassenkamerad. Neuffer erzählte später, wie er sich „mit überschwenglicher Ehrfurcht" dem damaligen „Pfleger und Oberpriester der schwäbischen Musen" genaht habe. Stäudlin wies ihn auf die deutschen Klassiker hin und forderte ihn zu einer metrischen Übersetzung der Aeneïs auf.

Im Herbst 1786 bezog er die Universität und das Stift in Tübingen. Es gefiel ihm hier so wenig als Hölderlin. Er schreibt darüber: „Der klösterliche Zwang dieser Anstalt behagte mir freilich nicht sonderlich und beengte mich auf widrige Weise, so daß ich oft Monate lang lieber aller Freiheit entsagte und mich in die Einsamkeit meiner Zelle vergrub. Ich studirte für mich nach eigener Wahl. Besonders gern beschäftigte ich mich mit den alten Klassikern, arbeitete auch während meines Aufenthalts in Tübingen eine ganze metrische Übersetzung der Aeneis aus". Von dieser erschienen einige Proben in Wielands Merkur. Auch Neuffer fühlte sich ebenso wie Hölderlin im Stift besonders zu Conz hingezogen. Ihm widmete er sein Gedicht: „Die Weihe der Musen".[12])

Am 24. September 1788 promovierte Neuffer zum Magister mit drei Abhandlungen über folgende Themen: 1. „Von der Dichtkunst der Ebräer", 2. „Von den Schiksalen der Dichtkunst unter den Deutschen", 3. „Kurzer Umriß der Geschichte der Philosophie unter den Griechen und Römern".

Erst als Magister lernte er Hölderlin kennen. Die beiden verband die Liebe zur Poesie und zur Antike, die Begeisterung für die Natur und die Heroen der Vergangenheit und — die gemeinsame Abneigung gegen den Pfarrersberuf.

Hölderlin bewunderte das dichterische Talent Neuffers. Er schrieb an Stäudlin:[13]) „Neufers stille Flamme wird immer herrlicher leuchten, wenn vieleicht mein Strohfeuer längst verraucht ist". Aber noch höher als den Dichter schätzte er die Persönlichkeit des Freundes. Er teilte ihm sein „Schwächstes und Stärkstes" mit. Wahrscheinlich wirkte Neuffers Einfluß bestimmend zur Lösung der Verlobung mit Luise Nast mit.[14]) Der Freund war grundsätzlich gegen frühe Verlobung. In einem seiner Gedichte:[15]) „Warnung vor früher Liebe", schreibt er:

„Ergib zu früher Liebe nicht dein Herz,
Sie möchte dich durch losen Tand bethören,
Und, statt gehoffter Freuden, langen Schmerz,
Statt jungen Rosen, Dornen dir bescheren."

Als Hölderlin das Verhältnis gelöst hatte, bedurfte er des Freundes doppelt. Und Neuffer verstand es, ihn zu trösten. So manches Mal, wenn Hölderlin später Schweres durchzukämpfen hatte, wünschte er sich den Freund her. Am 10. Oktober 1794 [16]) schreibt er von Waltershausen an Neuffer: „Es ist beinahe mein einziger Trost, wenn ich Trost bedarf, daß doch mein Herz mit Einem Wesen in einem daurenden Verhältnisse steht, daß ich doch Ein Gemüth kenne, worauf ich trauen kann".

Neuffer war es, der Hölderlin mit Schubart und Stäudlin persönlich bekannt machte. Neuffer hatte Schubart 1787 kennen gelernt, nachdem dieser eben durch Verwendung des preußischen Hofs aus seiner Haft auf dem Hohenasperg entlassen worden war. Neuffer berichtete darüber: „Mit väterlicher Liebe nahm dieser merkwürdige geistreiche

Mann mich bei meinem ersten Besuche auf. Manche schöne Stunde verlebte ich in seinem Hause, und ich half ihm an seiner Chronik arbeiten, die ihrer Originalität wegen in ganz Deutschland gelesen wurde. Er hatte im Sinne, mir die Fortsetzung derselben nach seinem Tode als ein Vermächtniß zu hinterlassen. Leider starb er für mich zu frühe, ehe ich zur Fortsezung mich gewachsen fühlte [1791] . . . . ."

Im Frühjahr 1789 berichtet er Hölderlin in einem Brief,[17]) wie er Schubart von ihm erzählt habe: „Ich habe bald auch die Rede auf Dich gebracht: Es werde in der Vakanz ein sehr guter Freund von mir, der mit vollem Enthusiasmus für Dichtkunst eingenommen sei, hieherkommen, und werde seinem Wunsch, den Herrn Professor, den er in seinen Schriften so sehr verehre, persönlich verehren zu können, ein Genüge thun. Das waren meine Worte. Deinen Namen weiß er, und er hat Verlangen Dich zu sehen. Meine Schilderung, die ich ihm ferner von Dir machte, war aufrichtig und wahr. Du seiest besonders fürs Ernsthafte, Erhabene und etwas Schwärmerische eingenommen. Fürs Tändelnde habst Du eine gewiese Antipathie und dem Epigram seist Du Todfeind. Griechische Literatur sei Dein StekenPferd. Der Jüngling verspricht viel, war seine Gegenrede, er soll zu mir kommen, sobald er hier ist. Und nun wären Stäudlin und Schubart auf Dich vorbereitet, und Du wärst bei beiden kein unerwarteter Besuch."

Hölderlin hat den hier angekündigten Besuch bei Schubart in der Ostervakanz 1789 ausgeführt und berichtet seiner Mutter darüber in dem Brief Nr. 32 (bei C. Litzmann) folgendermaßen: „Daß ich bei Schubart war, und daß er mich so freundschaftlich mit solcher Väterlichen Zärtlichkeit aufnahm, werden Sie schon wißen! Er erkundigte sich auch viel nach meinen Eltern, fragte mich, ob ich auch zu den oft großen Ausgaben eines Poeten gehörig unterstüzt werden könne — und als ichs ihm mit ja beantwortete, empfal er mir so inständig, Gott so hoch ich könnte, dafür zu danken, daß ich ganz gerührt darüber wurde. O es [ist] eine Freude, so eines Mannes Freund zu sein. Einen ganzen Vormittag brachte ich bei ihm zu."

Noch von größerer Bedeutung wurde für Hölderlin die Bekanntschaft mit dem Stuttgarter Dichter und Advokaten Gotthold Friedrich Stäudlin,[18]) die ebenfalls Neuffer vermittelt hatte. Dieser „Oberpriester der schwäbischen Musen" ließ 1788 den ersten und 1791 den zweiten Band seiner Gedichte erscheinen und gab Gedichtsammlungen („Schwäbische Blumenlese", „Schwäbischer Musenalmanach", „Poëtische Blumenlese") heraus. Neben Gedichten Neuffers und Magenaus wurden auch zahlreiche Gedichte Hölderlins in diesen kleinen Bändchen zum erstenmal gedruckt. In den Osterferien 1789 besuchte Hölderlin auch Stäudlin. Er schätzte Stäudlin sehr hoch. 1789 schreibt er an Neuffer:[19]) „Stäudlin ist warlich ein herrlicher Mann. Wenn meine Mutter noch den Rath einiger einsichtsvollen Männer gehört hat, und dieser nach meinem Wunsch ausschlägt, so werd' ich ihn bald auch im Brodstudium zum Muster nehmen können." Der Tag, an dem Hölderlin in Tübingen den Besuch Stäudlins empfing, war jenem ein „Festtag".[20]) Damals las Hölderlin dem älteren Freund „etwas" aus seinem Hyperion vor. Später sandte er ihm und seinen Schwestern ein Fragment desselben zur Beurteilung.[21]) Stäudlin widmete er sein Gedicht: „Griechenland". Stäudlin war es auch, der Hölderlin mit Schiller bekannt machte und durch Schillers Vermittlung ihm die Hofmeisterstelle in Waltershausen verschaffte.

Auch mit Stäudlins Schwestern war Hölderlin befreundet, Lotte Stäudlin war dem Dichter besonders gewogen.[22])

Als Neuffer im Herbst 1791 das Stift verließ, fühlte sich Hölderlin in der Erinnerung an die „herrlichen Tage des Zusammenseins" sehr einsam. Im Dezember desselben Jahres schreibt [23]) er an Neuffer: „Lieber Bruder! ich habe den Muth verloren .... ich denke tausendmal, wenn ich nur Dich um mich hätte, es solte bald anders werden. Du kanst Dir nicht vorstellen, wie ich oft die alten herrlichen Tage vermiße, die wir hier zusammen lebten." Hölderlin fühlte sich in einzigartiger Weise mit dem Freunde verbunden. Es war ihm zuweilen, wie wenn Neuffers Genius ihm dessen Wesen mitgeteilt hätte und seine Seele in ihm lebte.[24])

Neuffers lyrische Gedichte haben einiges mit den Jugendgedichten Hölderlins gemein. Wie Hölderlin besingt auch Neuffer die Ruhe,[25]) sie ist ihm die

„Göttin, die dem Lebenssatten
In der Palme kühlen Schatten
Der Genesung Schaale reicht,
Wenn er, lang auf Meereswogen
Von Gestirn und Wind betrogen,"
Endlich ihren Port erreicht.

Wie Hölderlin sehnt er sich zurück nach den „unschuldsvollen", „froh verlebten" Tagen der Kindheit. Mit diesem Verlangen verband sich für Neuffer wie für Hölderlin das andere: die Sehnsucht nach den Kindheitstagen der Menschheit, nach dem „unschuldigen Zeitalter".

Auch als Neuffer Tübingen verlassen hatte, blieb er in dauerndem Verkehr mit Hölderlin. Dieser sandte dem Freund 1792 seine „Einladung an Neuffer".[26]) — Zunächst war Neuffer als Geistlicher am Stuttgarter Waisenhaus tätig. In dieser Zeit verlobte er sich mit Rosine („Röschen") Stäudlin, der mittleren Schwester Gotthold Stäudlins, die er als „Ida" besingt. Hölderlin bezeichnete die Liebe der beiden als „einzig, ein Wunder in der jezigen herzlosen kleinen Welt"[27]) und richtete an die Braut des Freundes die zwei Gedichte: „Freundeswunsch"[28]) und „An eine Rose".[29]) Rosine erkrankte im Sommer 1794 unheilbar an Schwindsucht. Sie starb wahrscheinlich in den ersten Tagen des Mai 1795. Während ihrer Krankheit und nach ihrem Tod stand Hölderlin dem Freunde treu zur Seite. Wohl weiß er, daß seine Trostworte „arme Worte" sind, und daß er in seiner „traurigen Verwirrung", die ihm durch den Schmerz über des Freundes Geschick erst recht fühlbar wurde, „ein laidiger Tröster" ist: „Ich tappe herum in der Welt wie ein Blinder, und sollte dem leidenden Bruder ein Licht zeigen, das ihn erfreute in seiner

Finsterniß." Er kann die Führungen des Gottes, zu dem er als Kind betete, nicht mehr verstehen. Und doch gab Hölderlin dem Freunde Trost: dadurch, daß er ihn fühlen ließ, daß ein anderer mit ihm trug und des Freundes Leid so mitempfand, wie wenn's sein eigenes wäre: „Herzensbruder! ich halte mich an Dich, ich mache den Gang mit Dir, ich theile den Schmerz mit Dir, ich will auch seine Früchte mit Dir theilen".[30]) Hölderlin wußte, wieviel der Leidgebeugte an solcher Teilnahme hat:

„Getrost! Es ist der Schmerzen werth, diß Leben.
So lang uns Armen Gottes Sonne scheint,
Und Bilder beßrer Zeit um unsre Seele schweben,
Und ach! mit uns ein freundlich Auge weint." [31]) —

1803 wurde Neuffer Diakonus in Weilheim u. T., 1808 Pfarrer in Zell am Aichelberg, 1819 Stadtpfarrer am Münster und Schulinspektor in Ulm. Er starb am 29. Juli 1839.

Von Neuffer unterschied sich wesentlich der dritte im Freundesbund Hölderlins: Rudolf Friedrich Heinrich Magenau.[32]) Er ist geboren am 5. Dezember 1767 in Markgröningen als Sohn des Stadtschreibers Jakob Friedrich Magenau, besuchte die Seminare von Denkendorf und Maulbronn und kam 1786 ins Stift. Auch er fühlte sich nicht wohl „in der starren Disziplin des Stifts". Zu Conz scheint auch Magenau in näheren Beziehungen gestanden zu sein. Einem seiner Briefe an Hölderlin entnehmen wir, daß er Conz seine Gedichte zur Beurteilung vorlegte.[33]) Magenau magistrierte zusammen mit Neuffer am 24. September 1788, nachdem er drei specimina eingereicht hatte: „Über die Bilder der Orientaler in ihren Gedichten", „Über den Einfluß, den ein Fürst auf die Hemmung des Luxus haben kann" und „De Socrate". Darauf studierte er Theologie und schloß sich besonders an den „allverehrten" Storr an. Er nennt ihn seine „helle Leuchte in dem dunklen Walde des menschlichen Wissens".

Im Stift brachte ihn „zuerst das ihm angeborene Talent zur Poësie in Verbindung mit andern Gleichgesinnten".

Schubart forderte ihn auf, seine Gedichte zu publizieren. Es kam jedoch bald zum Zerwürfnis zwischen beiden, weil Magenau sich von Schubart gekränkt fühlte. Besonders eng schloß Magenau sich an Hölderlin und Neuffer an, in ihnen erblickte er „seine wahren Pylades und Orestes". In seinen Gedenkblättern schreibt er im Blick auf die goldenen Tage seiner Freundschaft: „Wir drei lebten ein Leben der seltensten Freundschaft, eine Seele in drei Leibern". Mit Hölderlin hatte Magenau schon korrespondiert, als Hölderlin noch in Maulbronn war. Hölderlin hatte Magenau seine Gedichte zur Beurteilung übersandt. Die Kritik Magenaus ist uns in dem Brief Nr. 23 (bei C. Litzmann) erhalten. Er schreibt dem jüngeren Freund, den er noch mit „Sie" anredet, er freue sich, bis er nach Tübingen komme, nur warnt er ihn, er möge sich von Tübingen keine zu hohen Vorstellungen machen: „Freuen Sie [sich] nicht zu sehr und bilden Sie sich kein Elisium im Traum, ich versichre Sie, daß ich vieles gäbe, wenn ich in schönen Wissenschaften das noch beisammen hätte, was ich in Maulbronn hatte". Und als er das Stift verlassen hatte, schreibt er 1793 [34]) an Hölderlin, er freue sich, daß er nicht mehr im Stift weile: „Ich bin wie ein Schiffer so froh, der den Sturm weg hat, und sein Rökchen am Stral der Sonne troknen kan".

Das dichterische Talent Magenaus war nicht bedeutend; er war sich der Grenzen seines Könnens auch wohl bewußt:

„Mein Saitenspiel glänzt nicht von Gold,
Rauscht nicht von stolzen Lorbeerkränzen,
Es ist der stillen Einfalt hold,
Und wünscht, wie diese, nie zu glänzen." [35])

Magenaus Lieder sind Gelegenheitsgedichte, er schwärmt auf dem Tübinger Schloß von alten Zeiten, er singt von Freundschaft, Lenz und Liebe, von „Lisgen", „Nonna" und „Margot".

Sein Verhältnis zu Neuffer war besonders herzlich. In einem Gedicht vom Winter 1792: „An meinen lieben Freund

Christian Ludwig Neuffer" schwelgt er in seliger Erinnerung an die Zeit, da er mit diesem in Tübingen zusammen war. Auch mit Hölderlin war Magenau innig befreundet. In seinem „Fragment einer Hymne an die Vorsehung" dankt er dieser dafür, daß sie ihm zwei solche Freunde beschert habe:

„Empfangt den Zoll der Freudethränen,
Ihr Freunde, die Vorsicht Hand
Und ein Gefühl des Guten und des Schönen
An mich mit Rosenfesseln band,
Wie pocht mit heißen Freudeschlägen
Dir, Neuffer, und dir Hölderlin,
Und dir mein volles Herz entgegen,
Sophia, süße Sängerin" (Gedichte 1795, S. 100).

Aus Gedichten und Briefen Magenaus spricht gesunder Humor und studentischer Übermut. Einen Brief [36]) an Hölderlin unterzeichnet er mit: „Dein alter fideler Rudolph M—genau."

Wie Neuffer und Hölderlin, so empfand auch Magenau als Student eine Abneigung vor dem praktischen Amt des Geistlichen. Jedoch lebte er sich schon als Vikar in Vaihingen a. E., wo auch Conz als Diakonus tätig war, in seinen Beruf ein. Dort besuchte ihn Hölderlin am 21. November 1793. Magenau berichtet darüber in einem Brief vom 23. November [37]) folgendermaßen: „Hölderlin war vorgestern bei mir er kam Donnerstag abends hieher, ich kannt ihn nicht, da er unter mn. Augen gegen dem Hauße trat. Kalt gieng ich ihm als einem vermeintl. Fremdling auf die Flur entgegen, siehe! da stand Holz! und hieng in mn. Armen. Er bat um Amnestie seiner Launen, Sünden und Verbrechen, und machte ich den Schalksknecht so gar nicht, daß ich ihm sogleich vergab. Conz, der bei mir speißte, war Abends mit uns 2 fröhlich, des Freitag morgens tranken wir bei ihm gegenüber von einem gypsenen Voltaire, der nur 1 Arm, und einem Roußeau, der nur 1 Fuß hat, Coffee, verdampften unsern Canaster, und darauf gieng H. Mir wars laid, daß ich mich ihm fast gar nicht widmen konnte. Ich hatte von Mittwoch bis Samstag den wütendsten Rheumatism im Arme und Nakken, und da sah ich einem militi laeso gleich. In dieser Figur trabt ich umher von Stuhl zu Stuhl. H. begleitete mit [statt: mich] abends zu Bette, drin ich schwizzen sollte; vor dem Bette sizend, ohne Wesie und Stifel declamirte er mir seine Ode „Kühnheit", die mir ganz treffl. schien. Er wiederkäute mir Schillers Regeln an ihn, und morgens schwuren wir unserm Bunde μα τους εν Μαραθωνι πεσοντας, neue daurende Vestigkeit. Es hat mich innig gefreut, daß ich den guten Jungen, von dem ich mich vergessen glaubte, wieder gesehen habe. Er hat manche Plane, doch keinen unausführbaren, das freut mich. Ein Hymnus an das Schiksal soll seine nächste Arbeit werden, darinn ihn der Kampf der Menschen Natur mit der Notwendigkeit am meisten beschäftigen wird. Ich wünsche ihm ein os magna sonaturum. So gleicht ihr 2 euch denn an großen Planen, deren sich alle gute Götter annehmen mögen! . . . ."

Als Hölderlin am Ende des Jahres 1793 Schwaben verließ, widmete ihm Magenau sein Gedicht:

„Valet
an Hölderlin,
als er nach Sachsen abreißte.

Wandre glüklich, lieber, junger Mann!
Zu des Ruhmes schönen Lorbeerhügeln,
Zu der Ehre höchstem Ziel hinan
Trage dich das Glük auf sanften Flügeln!

Leis' umschwebt dich oft und ungesehn
Deines fernen Freundes Geist voll Milde,
Folgt dir traulich auf des Harzes Höhn
Und durch Sachsens lachende Gefilde.

Lieber Jüngling! deines Lebens Gang
Ungeschwächt vom Druke finstrer Sorgen,
Sei ein froh melodischer Gesang
Gleich des Hirten Lied am Frühlingsmorgen.

Scheide, Theurer! nimmer wirst du mir
Aus des Herzens tiefstem Grunde scheiden,
Liebe zaubert stets dein Bild mir für,
Und an dem will ich auch fern mich weiden.

Einst, o Freunde! kehrst du mir zurük
In die Arme, Bester, Trauter! wieder,
Und des Jubels Thrän' aus frohem Blik
Stürzt in deinen warmen Busen nieder!"

Das Lied veröffentlichte Magenau in seinem 1795 bei J. F. Steinkopf in Stuttgart erschienenen Bändchen „Gedichte" (S. 51) und fügte folgende Anmerkung bei: „Von diesem meinem edlen Freunde hat sich das Vaterland vieles zu versprechen. Ich kann mir die Freude oder vielmehr den Stolz nicht versagen, ihn hier öffentlich meinen Busenfreund zu nennen! M." . . . . . .

Im Jahr 1794 wurde Magenau Pfarrer in Niederstotzingen bei Ulm und leitete „mit starker Hand und scharfem Auge" seine Gemeinde, die an ihrem Pfarrer ihre Freude hatte. 1819 ließ Magenau sich nach Hermaringen versetzen. Dort starb er am 23. April 1846.

Wenn Magenau als alter Mann über seinen Lebensgang nachdachte, so erinnerte er sich besonders gerne der Zeit, da er mit Neuffer und Hölderlin zusammen in Tübingen war: „O daß ich sie zurückzaubern könnte die selige Zeit", schreibt er in seinen Gedenkblättern.

Diese Gedenkblätter Magenaus lassen uns tiefe Blicke in das Zusammenleben der drei „Aldermannsfreunde" tun. Seebaß hat die wichtigsten Stellen dieser Aufzeichnungen in der Zeitschrift für Bücherfreunde 1917 N. F. VIII. Jahrgang S. 302 veröffentlicht. Sie sind besonders interessant, wenn man sie ergänzt durch den Inhalt der „Elegie an Magenau von Christian Ludwig Neuffer, im März 1793".[38]) Wenn in diesem Gedicht Hölderlin als dritter im Bunde nicht genannt ist, so erklärt sich dies daraus, daß die Elegie speziell an Magenau gerichtet war.

Neuffer schildert in diesem Lied, wie er von der Hoffnung getäuscht lange nie einen Vertrauten in dieser Welt zu finden glaubte, bis er in Magenau den Freund fand, der Freud' und Leid mit ihm teilte:

„Freund! ich bebte vor Lust, als wir uns brünstig umarmten,
Meine Seele zerflos ganz in das neue Gefühl,
Das ich zuvor mir nur in verwegenen Ahndungen träumte . . .
. . . .
Nur ein Herz und Wille verlebten wir glükliche Jahre,
Nicht von dem mönchischen Druk alter Geseze gelähmt . . .
. . . .
Jeglicher Kummer von Dir war mein und jegliche Freude,
Jegliche Freude von mir, jeglicher Kummer war dein,
Liebend theilten wir jedes Gefühl miteinander, genossen
Ich in dir, und du doppeltes Leben in mir.
Oft besprachen wir uns von der tief verschleierten Zukunft,
Steuerten kühn auf das Meer kommender Zeiten hinaus;
Fühlten herrliche Kräfte in uns zu Thaten erwachen,
Und ausdaurenden Mut, der die Gefahren verlacht,
Liebten Gott und die Welt, und wollten Menschen beglüken,
Keines der Opfer schien uns für die Menschheit zu gros" . . .

Kein Tag verging, an dem die drei Freunde sich nicht sprachen, kein Abend, an dem sie sich nicht sahen. An Regentagen saßen sie auf einer Stiftsstube zusammen, lasen Homer, Virgil, Juvenal und Ossian, träumten von den „glücklichen Tagen der grauenden Vorwelt" und redeten viel „von großen Männern". An klaren Frühlings- oder Sommerabenden gingen sie ins Wankheimer Tal hinaus[39]) „und empfanden daselbst der Natur einladende Freuden,

In das ruhige Moos nebeneinander gestreckt,"
„Rings umtanzt von dem liederreichen Volke des Wäldchens".

Oder begrüßten sie auf der Höhe des Spitzbergs den Mond oder stürzten sie sich im Mondschein in die Fluten des Neckar.

In seliger Erinnerung an jene Jahre ruft Magenau aus: „O wer mißt die Freude, wie sie uns beglückte! Eine Seele in drei Leibern waren wir".

Zu gemeinsamem Musendienst schlossen die drei Freunde sich nach dem Vorbild des Göttinger Hains in einem Bund der „Aldermannsfreunde" zusammen. Jede Woche wurde einer zum „Aldermann" bewählt. Die Sitzungen des Bundes fanden am Donnerstag „bei einem Becher Weins oder Bier" statt. Dabei mußte jeder ein eigenes Gedicht vorlesen, das er tags zuvor den andern schriftlich übergeben hatte. Diese kritisierten es, und „keiner sträubte sich, ganze Seiten wegzustreichen, wenn es die andern geboten und anrieten". Die für gut befundenen Gedichte wurden in das „Bundesbuch der Aldermannsfreunde" eingetragen. Außerdem gab der Aldermann jedem der Freunde zur Verfeinerung des „Geschmacks" ein ästhetisches Thema (über „Sprache, Purismus derselben, Schönheit, Würde, Popularität usw.") zur Bearbeitung. War der Aufsatz fertig, so wurde er in der Sitzung vorgelesen. — Im übrigen las man auch gemeinschaftlich Werke von andern und beurteilte sie.

Magenau berichtet, daß Hölderlin solche Zusammenkünfte mit seinen Freunden „über alles" liebte. Besonders lebhaft stand dem Alten noch ein Abend vor der Seele, da sie sich „an dem heitersten Tage in dem Garten des Lammwirts" versammelten:[40]) „Ein niedliches Gartenhäuschen nahm uns da auf, und an Rheinwein gebrach es nicht. Wir sangen alle Lieder der Freude nach der Reihe durch. Auf die Bowle Punsch hatten wir Schillers Lied an die Freude aufgespart. Ich ging sie zu holen. Neuffer war eingeschlafen. Hölderlin stand in einer Ecke und rauchte. Dampfend stand die Bowle auf dem Tisch und nun sollte das Lied beginnen, aber Hölderlin begehrte, daß wir erst an der kastalischen Quelle uns von allen unseren Sünden reinigen sollten. Nächst dem Garten floß der sogenannte Philosophenbrunnen[41]), der war Hölderlins kastalischer Quell; wir gingen hin durch den Garten und wuschen das Gesicht und die Hände; feierlich trat Neuffer einher; dies Lied von Schiller, sagte Hölderlin, darf kein Unreiner singen!

Nun sangen wir; bei der Strophe „dieses Glas dem guten Geist" traten helle klare Tränen in Hölderlins Augen, voll Glut hob er den Becher zum Fenster hinaus und brüllte: „dieses Glas dem guten Geist" ins Freie, daß das ganze Neckartal widerscholl". — Magenau schließt seinen Bericht mit den Worten: „Wie waren wir so selig! O akademische Freundschaft, wo ist der Greis, der sich an dem Rückblick auf deine Wonnen nicht noch immer stärkt? . . . ."

Während die Abhandlungen und Rezensionen der Aldermannsfreunde verschollen sind, ist uns das „Bundesbuch" mit den Gedichten der drei Freunde noch erhalten. Es ist ein dicker, mit Goldschnitt versehener Lederband.[42]) Die ersten 26 Blätter sind numeriert. Das 2., 20., 21. und vom 25. an alle folgenden Blätter sind unbeschrieben. Das Thema für die Gedichte der ersten Tagung war: Freundschaft, der zweiten: Liebe, der dritten: Einsamkeit und Stille. Neuffers Gedicht an die Wollust ist ein von Neuffer hinzugefügter Nachtrag.

Auf dem 1. Blatt stehen (eigenhändig geschrieben) die Namen:

Rudolph Friederich Heinrich Magenau,
aus Marck-Gröningen.

Christian Ludwig Neuffer,
von Stuttgart.

Johann Christian Fridrich Hölderlin,
aus Lauffen.

Die Lieder des Bundesbuchs.

(3) Bunds-Lied,

eingeschrieben am Tage der Einweihung,

So wär' er denn geschlossen unser Bund,
Zerreisbar keinem Neid, und höchstens nur vom Tode
Auflösbar, dieser Schwur aus tiefem Herzens-Grund
wahr hin geströmt, sei heilig wie der Bund,
den wir der Freundschaft hier zu einem Denkmal weihn,
Wer sich uns zugesellt, sei sonder wank, und rein

den Musen hold, brav, gut, und lasse gern beim Wein
In treuer Lieb, ein Wörtchen mit sich sprechen,
An Freundes Hand ists leicht, selbst Feßeln zu zerbrechen,
Und munterer klimmt sich's zu jenen Hügeln auf,
Wo Hagedorn und Kleist an Götter Tischen zechen;
Nur Freundschaft stärkt des jungen Kämpfers Lauf,
Sie winkt ihm mutig in die Schranken,
beflügelt seinen Geist, und ruft ihm nicht zu wanken;
Ja selbst im Augenblick, wenn uns das Schiksal trennt,
Wenn wir vieleicht, — o denk ich den Gedanken! —
Wenn wir vieleicht uns nicht mehr sehn, nicht mehr
So liebevoll wie Reben uns umranken,
Denn steht sie uns zur Seiten, wenn vieleicht
kein lieber Brief die Freunde mehr erreicht,
und uns das harte Loos ganz auseinander scheucht,
denn haben wir der Göttin diß zu danken,
daß die Erinnerung nicht mit dem Freund entfleucht!
Ich höre schon des Schiksals Ruf, — zerstreut
Seh ich uns schon profetisch im Gesichte,
Bleibst Du allein zurük, o Hölderlin im Streit
Mit Wahrheit und mit Täuschung, so entrichte
der Freundschaft süßen Zoll, dir sei das Lied geweiht,
das ich noch vest in deinen Armen dichte,
Laß Hand in Hand, und Neuffer stimmt mit ein,
Uns Gram und Lust mit Bruderliebe theilen.
Nicht achten, wenn ihr Gift Megären auf uns spei'n,
Nur mutiger hinan zum goldnen Ziel uns eilen.
Dir Neuffer, dem mein Herz mich früh entgeg. trug,
das dir noch ungekannt, doch schon voll Liebe schlug,
dir sei diß Herz zum Pfand, laß uns der Sonn' entgegen
Auf der besteinten Bahn, so wie auf Rosen [43]) Weegen
doch mutig gehn, der deutschen Sprache Kraft
Nur immer eifriger, und immer mehr ergründen,
Biß wir uns am Parnaß beim goldnen Reben=Saft
Im schönsten Hain vereint, doch einstens wieder finden.

Magenau.

(4.) Rundgesang für Freunde.

am Tage der Einweihung
eingeschrieben.

Laßt in froher Eintracht heut
Uns ein Fest beginnen,
Weil den Faden unsrer Zeit
Noch die Parzen spinnen:
Kränzt mit jungen Zweigen,
Die im Lenz entsteigen,
Unsrer Becher Reigen.

Chor

Laßt beim edlen Nekkarwein
Unsers Bundes uns erfreun.

Faßt Euch liebevoll und warm,
Brüder! in die Runde,
Jede Sorge, jeder Harm
Flieh aus unserm Bunde:
Freude! deinem Segen
Hüpft mit lauten Schlägen
Unser Herz entgegen:

Chor

Darum sei der Freude heut
Unsre Feier ganz geweiht.

Rein sei unser Herz wie Gold
Siebenfach geläutert:
Wie des Morgens Stral, der hold
Berg und Thal erheitert:
Wie des Bächleins Welle,
Welches klar und helle
Hüpfet aus der Quelle.

Chor

Heil uns! Heil! der schöne Lohn
Reiner Freude winkt uns schon.

(5.) Im Geleite der Natur
Lenkt sie unsre Schritte
Mütterlich auf Thal und Flur,
Haußt in unsrer Mitte:
Hört des Jünglings Sehnen.
Weint aus unsern Thränen
Weihet uns zu Söhnen —.

Chor

Jede Handlung deß gedeiht,
Welchen sie zum Sohne weiht.

Brüder! trinkt die Becher leer:
Deutsche Freiheit lebe!
Daß unsichtbar um uns her
Sie den Flügel hebe:
Wenn wir mutlos ringen,
Giebt zu allen Dingen
Sie uns das Vollbringen.

Chor

Deutsche Freiheit, hoch und hehr,
Schweb' um unsre Becher her.

Von dem edlen Rebensaft
Läuft das Blut schon schneller,
Schon wird unsre Wissenschaft
Lauterer und heller:
Laßt uns, weil wir zechen,
Viel von Planen sprechen,
Fesseln zu zerbrechen.

Chor

Deutsche Freiheit, hoch und hehr,
Schweb' um unsre Becher her.

Keiner trag im Herzen nach
Seines Bruders Fehle,
Daß ihn nimmer Haß und Schmach
Des Gekränkten quäle:

Schwört's beim Bund der Treue,
Daß aus unsrer Reihe
Keiner sich entzweie.

Chor

Weh dem Wichte, welcher scheel
Sieht zu seines Bruders Fehl.

(6.) Denn wie böser Dünste Hauch
Blüten oft vergiftet,
Daß ihr süßer Othem auch
Pestgerüche düftet:
So erstikt, wer lose
Zwiespalt hegt im Schoße,
Seiner Freundschaft Rose.

Chor

Ewig sei von unserm Band
Alle Zwiespalt weggebannt.

Jeder handle schlecht und recht,
In geradem Gleise,
Niemands Herr und Niemands Knecht,
Nach der Väter Weise:
Laßt die strenge Rüge,
Ob sich manche Lüge
An die Wahrheit schmiege.

Chor

Lügnerrotten sind's nicht werth,
Daß sie unsre Rache ehrt.

Jeder giese gern den Schmerz
In des Freundes Seele,
Hoffe Ruhe für sein Herz
Von des Trostes Öle:
Glüklicher gesunden,
Von dem Freund verbunden,
Kranker Herzen Wunden.

Chor

Stets sei offen unser Herz
Für des Bruders Lust und Schmerz.

Wechselsweise Sympathie
Bringt uns mählig näher,[44])
Flügelt unsre Sympathie
Höher stets und höher.
Noch in späten Jahren
Soll die Welt erfahren,
Wie wir Freunde waren.

Chor[45])

Hört den Schwur mit Herz und Mund,
Ewig daure dieser Bund.

(7.) Wie in einem Kranze sich
Nelk' und Rose fügen,
Also wird auch inniglich
Freund an Freund sich schmiegen:
Nichts mehr soll uns scheiden,
Ob uns tausend Leiden
Dieses Lebens dräuten.

Chor[46])

Hört's im Antliz der Natur:
Heilig sei uns dieser Schwur!

Neuffer.

Lied der Freundschaft.[47])

Am Tage der Einweihung eingeschrieben.

Frei wie Götter an dem Mahle,
Singen wir um die Pokale,
Wo der edle Trank erglüht,
Voll von Schauern, ernst und stille,
In des Dunkels heil'ger Hülle
Singen wir der Freundschaft Lied.

Schwebt herab aus külen Lüften,
Schwebet aus den Schlummergrüften,
Helden der Vergangenheit!
Kommt in unsern Krais hernieder,
Staunt und sprecht: da ist sie wieder
Unsre deutsche Herzlichkeit.

Singe von ihr Jubellieder
Von der Wonne deutscher Brüder,
(8.) Chronos! in dem ew'gen Lauf;
Singe, Sohn der Afterzeiten!
Sing': Elysens Herrlichkeiten
Wog ein deutscher Handschlag auf.

Ha! der hohen Götterstunden!
Wann der Edle sich gefunden,
Der für unser Herz gehört;
So begeisternd zu den Höhen,
Die um uns, wie Riesen, stehen!
So des deutschen Jünglings werth!

Froher schlägt das Herz und freier!
Reichet zu des Bundes Feier
Uns der Freund den Becher dar;
Ohne Freuden, ohne Leben
Erndtet' er Lyäus Reben
Als er ohne Freunde war.

Stärke, wenn Verläumder schreien
Warheit, wenn Despoten dräuen
Männermuth im Misgeschik,
Duldung, wenn die Schwachen sinken,
Liebe, Duldung, Wärme trinken
Freunde von des Freundes Blik.

Sanfter atmen Frülingslüfte,
Süßer sind der Linde Düfte,
Küliger der Eichenhain,

Wenn bekränzt mit jungen Rosen
Freunde bei den Bechern kosen
Freunde sich des Abends freu'n.

Brüder! laßt die Thoren sinnen,
Wie sie Fürstengunst gewinnen,
Häufen mögen Gut und Gold;
Lächelnd kans der Edle missen,
Sich geliebt, geliebt zu wissen
Diß ist seiner Thaten Sold.

(9.) Schmettert aus der trauten Halle
Auch die Auserwälten alle
In die Ferne das Geschik;
Wandelt er mit Schmerz beladen
Nun auf freundelosen Pfaden
Schwarzen Gram im bangen Blik;

Wankt er, wenn sich Wolken türmen,
Wankt er nun in Winterstürmen
Ohne Leiter, ohne Stab;
Lauscht er abgeblaicht und düster
Bangem Mitternachtsgeflüster
Ahndungsvoll am frischen Grab;

O da kehren all' die Stunden,
So in Freundesarm verschwunden,
Unter Schwüren, wahr und warm,
All' umfaßt mit sanftem Sehnen
Seine Seele, süße Tränen
Schaffen Ruhe nach dem Harm.

Rauscht ihm dann des Todes Flügel;
Schläft er ruhig unter'm Hügel,
Wo sein Bund den Kranz ihm flicht;
In die Loken seiner Brüder
Säuselt noch sein Geist hernieder,
Lispelt leis: Vergeßt mich nicht! Hölderlin.

(10.) An Nonna

(als sie ein Kind auf dem Schoos hielt).

O wär ich nur der Eine
den ihre Seele minnt,
nur diß geliebte kleine
von ihr gekoste Kind,
das auf dem Schoos sie wieget,
das ihr am Bußen spielt,
und noch nichts von den Schmerzen
Verschmähter Liebe fühlt,

Wenn Sie von ihrer Hütte
Ins kleine Wäldchen wallt,
wie süßer jedem Tritte
der Hain entgegen schallt,
Begrüßt von tausend Liedern
begrüßt von Hain und Flur,
Durchwandelt Sie die Scenen
der blühenden Natur,

Der Linde Blättchen gleiten
Sanftsäußelnd vor Ihr hin,
den Siz Ihr zu bereiten
der holden Königin,
Ein Balsam Duft entströmet
den Zweigen, alles blüht,
wie wenn der Lenz sich zeiget,
und Frost und Winter flieht.

Magenau.

(11.) An Morea

d. 20. April 1790.

Wen einst mein Leib im Schoße der Erde ruht,
Und ich zu meinen Vätern entschlummert bin,
Wenn noch vielleicht ein edler Jüngling
Weint auf die Blumen an meinem Grabe. —

Bald wird die ernste nächtliche Stunde schon
Dem Schauplaz dieses Lebens entwinken mich:
    Oft in verschwiegnen Mitternächten
    Hör ich des kommenden Todes Fußtritt. —

Dann wird im linden Säuseln der Frühlingsluft
Unsichtbar dich umschweben mein irrer Geist,
Wenn du im schattenreichen Thale
Schwebenden Ganges auf Blüten wandelst,

Von jungen Zweigen dir auf den Pfad gestreut:
Wenn du der Pracht der schönen Natur dich freust,
Biß aus versilberten Gewölken
Freundlich der leuchtende Mond hervorglänzt.

Dann wandeln schnell dich düstre Gedanken an
Von Tod und Trennung, und von der Vergänglichkeit:
Du kehrst mit ahndenden Gefühlen,
Traurig gen Hauß und voll stummer Wehmut.

Ein unbekandter Schauer durchbebt dein Herz:
der Menschen Anblik, der dir sonst theuer war,
Wie Frühethau der Rosenknospe,
Tauschtest du gerne mit tiefer Stille,

Dort ungesehn zu weinen, biß sanft der Schlaf
Auf deine Augen Körner der Ruhe streut:
O, dann erschein' ich dir im Traume,
Strahlend in himmlischem Glanzgewande,

(12.) Und nenne Braut dich, halte den Hochzeitkranz
Dir dar: du kränzest, freudig dein Haupt damit.
dann führ' ich dich zum Traualtare,
Wo uns die segnende Hand des Tods

Auf ewig bindet. Freundin! du bebest ihm?
Vielleicht ist's Vorgefühl der Unsterblichkeit!
O des Erstaunens, wenn du aufwachst:
Leb ich noch, bin ich schon hingeschlummert?

Du Heißgeliebte! nahe schon rauschet Dir
Sein kühler Fittig! freue dich, wenn dein Geist
Sich von der schönen Hülle losreißt,
Glänzet ein Tag dir, der nimmer Nacht wird.

Dann lieben erst sich zärtliche Herzen ganz,
Wo blaße Scheelsucht nimmer im Dunkeln laurt,
Wo kein Verhältniß mehr Gebürge,
Unüberfliegbar der Sehnsucht, hinthürmt. Neuffer.

Lied der Liebe.[48])

Am zwoten Aldermannstage.

Engelfreuden ahndend wallen
Wir hinaus auf Gottes Flur
Wo die Jubel wiederhallen
In dem Tempel der Natur;
Heute soll kein Auge trübe,
Sorge nicht hienieden sein,
Jedes Wesen soll der Liebe
Wonniglich, wie wir, sich freu'n.

Singt den Jubel, Schwestern! Brüder!
Vestgeschlungen! Hand in Hand!
Singt das heiligste der Lieder
Von dem hohen Wesensband!
Steigt hinauf am Rebenhügel,
Blikt hinab ins Schattenthal!
Überall der Liebe Flügel,
Wonnerauschend überall!

(13.) Liebe lehrt das Lüftchen kosen
Mit den Blumen auf der Au,
Lokt zu jungen Frülingsrosen
Aus der Wolke Morgenthau
Liebe ziehet Well' an Welle
Freundlich murmelnd näher hin,
Leitet aus der Kluft die Quelle
Sanft hinab ins Wiesengrün.

Berge knüpft mit ehr'ner Kette
Liebe an das Firmament,
Donner ruft sie an die Stätte
Wo der Sand die Pflanze brennt,
Um die hehre Sonne leitet
Sie die treuen Sterne her,
Folgsam ihrem Winke gleitet
Jeder Strom ins weite Meer.

Liebe wallt in Wüsteneien,
Höhnt des Dursts im dürren Sand,
Sieget, wo Tyrannen dräuen,
Steigt hinab ins Todtenland;
Liebe trümmert Felsen nieder
Zaubert Paradiese hin,
Schaffet Erd und Himmel wieder
Göttlich, wie im Anbeginn.

Liebe schwingt den Seraphsflügel
Wo der Gott der Götter wohnt
Lohnt den Schweis am Felsenhügel
Wann der Richter einst belohnt,
Wann die Königsstühle trümmern,
Hin ist jede Scheidewand
Adelthaten heller schimmern
Reiner, denn der Krone Tand.

Mag uns jezt die Stunde schlagen
Jezt der lezte Othem weh'n!
Brüder! drüben wird es tagen,
Schwestern! dort ist Wiedersehn;
Jauchzt dem heiligsten der Triebe,
Die der Gott der Götter gab,
Brüder! Schwestern! jauchzt der Liebe!
Sie besieget Zeit und Grab!

Hölderlin.

(14.) Mein Wunsch.

Daß ich frölich erben könnte,
Gäben gute Götter nur,
Mir ein braves Weib zur Spende
Und ein Hüttchen auf der Flur,
Fern vom lauten Stadtgewimmel
Beim vertrauten Becher Wein,
Würd uns so die Hütt ein Himmel
Diese Flur ein Eden seyn,

Wol denn wüßt ich, was ich täte,
Kostbar nicht, doch nett und rein
Müßte all mein Hausgeräthe,
Wirthlich meine Tafel [s]ein,
Käm ein Freund[49]) von Nah und Ferne
Frölich rief ich ihn herein,
Teilte meinen Bißen gerne,
Gerne mit ihm meinen Wein,

Um den freien Becher weilten
Lust und Freude, Wiz und Scherz,
Offener und freier teilten
Jede Wonne Herz und Herz,
Fern von Misgunst, fern vom Neide,
Wandelten wir Hand in Hand,
An dem Arm der jungen Freude
Durch der Erde Dornen Land,

Mit des Morgens Blumen=düften
Rief[50]) uns Anger, Flur und Hain,
Und wir sögen aus den Triften
Wolgeruch in Zügen ein,
Schlummernd unter Blütenträumen,
Oder schlummernd an dem Bach,
Küßt uns, Freund, aus süßen Träumen
Eine junge Nimfe wach, —

(15.) Wenn des Abends Purpur Röte
Vom entwölkten Himmel wallt,
Und des nahen Hirten Flöte
Vom beblümten Hügel schallt,
Säßen wir in kühlen Lauben
Von Ziringen rings umblüht,
Hörten frommer Turteltauben
Leiße flüsternd Minne Lied, —

Kein verwünschter Dämon nahte
Sich der sichern Hütte Thür,
Und aus jedem unsrer Pfade
Drängten Blumen sich herfür,
Im Genuße süßer Freuden,
So voll Wollust um und um,
Würden warlich selbst beneiden
Götter diß Elysium!

R. Magenau.

An die Einsamkeit.

d. 1. Jun.

Ein Lied, das deiner Schönheit würdig wäre,
Möcht' ich dir singen, Einsamkeit!
Izt, da durchdrungen ganz von deiner Ehre,
Hochklopfend mir das Herz gebeut.

Doch wirst du bei den Dankgesängen allen,
Die, Göttin!, deinen hehren Thron
Des Meeres lauten Wogen gleich umschallen,
Vernehmen meiner Laute Ton?

Heil mir, du wirst's! mir stralet schon entgegen
Der Kranz, der deinen Söhnen blüht,
Schon fühl' ich deiner Gottheit nahen Seegen,
Wie er mir heiß das Herz durchglüht.

(16.) Schon seh ich auf Entschlüsse Thaten reifen:
Beglückter Wahnsinn täuschet mich:
Ha! Lichtgefilde! Männerseelen schweifen
Mit Engeln dort und küssen sich.

Einst hörten wir sie deinem Zepter schwören: —
Du schlangst um sie dein Zauberband,
Und führtest sie zu deinen Hochaltären: —
Ihr Schwur war Gott und Vaterland.

O, wie dann neues Blut durch ihr Geäder
In schnellen Pulsen rann: ihr Geist,
Wie wuchs er nicht! gleich der erstarkten Zeder,
Die kein Gewitter niederreißt.

So schütterte auf ihrem Wolkensize
Einst Romas Macht dein starker Arm,
O Hermann! gleich dem flammenrothen Blize
Zerstreutest Du der feigen Schwarm.

Nicht bei der Wollust lermendem Gewühle
Vergiftet' er sein deutsches Blut:
Er wurde groß im kühnen Schwerdterspiele,
Und in Gefahren wuchs sein Mut.

Der Genius Teutonias im Frieden
Weilt' er in deinem Heiligtum,
Umrungen ganz von lehrenden Druiden,
Und Barden sangen seinen Rum.

Und Luther? ha, in deinen Hallengängen
Errang er jenen Männergeist,
Den staunend noch mit heiligen Gesängen
Der späten Nachwelt Enkel preißt.

Da liegen nun des Wahnes stolze Trümmer:
Der finstre Abgrund ist erhellt:
Religion! und deines Urlichts Schimmer
Durchstralet reiner izt die Welt. Neuffer.

(17.) **Frage.**

Sagt mir, kan ich nicht gesunden
Von der Liebe herben Pein,
Ist kein Balsam noch erfunden,
Meine Kraft mir zu erneun,
Trinkt doch jede Blume Leben
Aus des Frühlings Sonn und Thau,
Kan kein Lenz dem Kranken geben,
Was er gibt der Blumen Au,

Nur allein die Toden Stille
Dieser hehren Mitternacht,
Dieser Grabgesang der Grille
Die an diesen Gräbern wacht,
Diß Geflüster in den Bäumen
Das die süße Schwermut nährt,
Wiegt mich ein mit schönen Träumen
Ist so heilig mir und werth. —

O wie süß ist's in der Stille
Dieser kühlen Nacht zu gehn,
Mond und Stern' in solcher Fülle
Wallend über sich zu sehn,
Sagt mir nichts von Gold und Kronen
Gold und Kronen gleichen nicht,
Nicht der Perlen Glanz an Tronen
Dieser Sterne Silber Licht,

Mehr als Gold und Gut der Grosen
Mehr als ihrer Höfe Lust,
Hebt, mit diesen satt zu kosen,
Des betrübten Wallers Brust,
Hier in süßer Ruh zu wallen,
Jeder fremden Sorge frei,
Ach nur diß, nur diß von allen
Ist mir Kranken Arzenei!

(18.) Werd ich ganz wol nie gesunden,
Von der Liebe Seelen Pein,
Heilt kein Balsam solche Wunden,
Haucht kein Oel mir Lindrung ein?
Was ich weis, darf ich nicht sagen,
Wol ach wüßt ich Arzenei,
Klagen darf ich nur, und klagen
Aber nimmer werd ich frei. Rudolf Magenau.

An die Stille.[31])

Am dritten Aldermannstage.

Dort im waldumkränzten Schattentale
Schlürft' ich, schlummernd unterm Rosenstrauch
Trunkenheit aus deiner Götterschaale,
Angeweht von deinem Liebeshauch.
Sieh' es brennt an deines Jünglings Wange
Heiß und glühend noch Begeisterung,
Voll ist mir das Herz vom Lobgesange,
Und der Fittig heischet Adlerschwung.

Stieg ich künen Sinns zu'm Hades nieder
Wo kein Sterblicher dich noch ersah,
Schwänge sich das mutige Gefieder
Zum Orion auf, so wär'st du da;
Wie ins weite Meer die Ströme gleiten
Stürzen dir die Zeiten alle zu
In dem Schoos der alten Ewigkeiten,
In des Chaos Tiefen wohntest du.

(19.) In der Wüste dürrem Schrekgefilde,
Wo der Hungertod des Wallers harrt,
In der Stürme Land, wo schwarz und wilde
Das Gebirg' im kalten Panzer starrt,
In der Sommernacht, in Morgenlüften,
In den Hainen weht dein Schwestergruß,
Über schauerlichen Schlummergrüften
Stärkt die Lieblinge dein Götterkuß.

Ruhe fächelst du der Heldenseele
In der Halle, wann die Schlacht beginnt
Hauchst Begeist'rung in der Felsenhöhle,
Wo um Mitternacht der Denker sinnt,
Schlummer träufst du auf die düstre Zelle,
Daß der Dulder seines Grams vergißt,
Lächelst traulich aus der Schattenquelle,
Wo den ersten Kuß das Mädchen küßt.

Ha! dir träuft die wonnetrunkne Zähre
Und Entzükung strömt in mein Gebein
Millionen bauen dir Altäre
Zürne nicht! auch dieses Herz ist dein!
Dort im Thale will ich Wonne trinken
Wiederkehren in die Schattenkluft,
Bis der Göttin Arme trauter winken,
Bis die Braut zum stillen Bunde ruft.

Keine Lauscher nah'n der Schlummerstätte,
Kül und schattig ist's im Leichentuch,
Abgeschüttelt ist die Sclavenkette,
Maigesäusel wird Gewitterfluch;
Schöner rauscht die träge Fluth der Zeiten,
Rings umdüstert von der Sorgen Schwarm
Wie ein Traum verfliegen Ewigkeiten
Schläft der Jüngling seiner Braut im Arm.

Hölderlin.

(22.) An die Wollust.

Soll ich noch mich nahen deinem Throne,
Falsche Göttin! und im Jubeltone
Dir die Saiten meiner Laute weihn?
Soll ich noch in wilden Feiertänzen
Dir mich beugen, und mit Blumenkränzen
Deine Hallen wieder überstreun?

Soll ich noch in deinen Tempel treten,
Gnade flehn mit gleisenden Gebeten?

Soll ich, noch nicht kundig der Gefahr,
Wieder mich in deine Bande schlagen,
Und an deinem stolzen Siegeswagen
Noch vermehren deiner Knechte Schaar? —

Nimmer will ich deinem Stolze heuchlen,
Keine Lüge soll dir wieder schmeichlen,
Freudenmörderin! ich fluche dir!
Denn umgabst nicht du mit Dorngeflechten
Meinen Pfad, und schwand in trüben Nächten
Nicht der lezte Stern der Hoffnung mir?

Warst nicht du's, die lächelnd erst mich kórnte,
Dann verrätherisch von mir sich fernte,
Zwischen Nacht und Sturm allein mich ließ?
Die mich erst mit falschen Reizen täuschte,
Ach, und dann mein schwaches Herz zerfleischte,
Unbarmherzig mich zurükestieß?

Die mich erst an ihren Busen drükte,
Dann den Dolch nach dem Bethörten zükte,
Wild ihn geißelte mit schnödem Hohn? —
Schröklich, Schröklich hast du mich betrogen,
All die buhlerischen Schwüre logen!
Reu und Elend gabst du mir zum Lohn!

(23.) O warum war gegen das Getöne
Dieser unheilbrütenden Sirene
Nicht verschloßen mein getäuschtes Ohr?
Warum lag ob mir der Zauberschleier,
Daß mein Geist das schlechtbenüzte Steuer
Seiner lauschenden Vernunft verlor?

Wüßt ich, wenn ihr Ungestüm entlodert,
Welchen fürchterlichen Zins sie fodert,
Lügenhafte Schlange! wüßt ich das?
O, ich hätt' aus deinen Taumelschalen
Nicht getrunken diese Seelenqualen,
Diesen Jammer ohne Ziel und Maas!

Mußtest du mich erst in Träume kosen,
Sicherer das Herz mir zu durchstosen,
Morden mich gleich jener armen Schaar,
Die die Wütriche in Kerkern mästen,
Abzuschlachten sie an Freudenfesten
Auf des Aberglaubens Sühnaltar?

Mußtest du mit trügenden Gestalten
Mich in deinen Unglüksfeßeln halten?
Ist so fürchterlich dein wahres Bild?
Warum mußt' ich es so himmlisch sehen,
Warum war dein Ton des Frülings Wehen,
Warum war dein Blik so sanft und mild?

Hätt' ich dich erblikt ein Ungeheuer,
Eine Schlange, ein verzehrend Feuer,
O, dann hätt' ich mich emporgerafft:
Aber nein, mit unschuldsvollen Mienen,
Wie ein Engel bist du mir erschienen,
Da erstarb des jungen Kämpfers Kraft!

Wie vermag ein Mensch vor Dir zu fliehen?
Deine mörderischen Seile ziehen
Unvermerkt des Pilgrims Fuß ins Grab!
In der Kühlung stiller Abendlüfte
Und im Hauche süßer Maiendüfte
Schnellst du deine Pfeile lauernd ab.

(24.) Schwelgst bei taumelvollen Lustgelagen,
Biß die düstern Nachtgewölke tagen,
Und vergiftest so die eigne Brut,
Tödest Brüder, Schwestern, Mütter, Väter,
Und umgürtest schändliche Verräther
Mit Verderben und entschloßnem Mut!

Und ich sollte länger noch verweilen,
Deinem schnöden Tempel zu enteilen?
Deinen Hallen, falsche Lügnerin!

Du hast selbst mein Urtheil mir gesprochen,
Und nun hab ich sie mit Macht zerbrochen
Deine Feßeln: nimm sie wieder hin!

Sieh, ich schwör' es Dir bei diesem Herzen,
Von der Reue ungezähmten Schmerzen,
Und von innern Qualen nimmer frei,
Feierlich sei vor der Schöpfung Ohren
Ewig Haß und Abscheu dir geschworen,
Ewig dir und deiner Tyrannei!

Lang von Sturm und wilden Meereswogen
Lang auf blinde Syrten hingezogen,
Lang vom Schiksal launisch angefaßt,
Wünsch' ich los und ledig von den Banden
Dieses Zaubers endlich anzulanden
In dem Hafen spätgefundner Rast.

Lange hielten schon mich deine Bande
Von der Ruhe wonnevollem Lande,
Hielten lange meinen Kahn zurük:
Aber mutig steur' ich ans Gestade,
Denn mir winkt voll Mildigkeit und Gnade
Schon die Göttin, und mit ihr mein Glük.

Täuschen mich begeisternde Gesichte,
Oder hat mit ihrem Himmelslichte
Schon die Göttin meinen Geist geweiht?
Ha, ich fühle schon ein neues Leben
Mir durch jede meiner Nerven beben,
Und in jeder Nerve Seeligkeit.

Neuffer.

Während Hölderlin in den ersten zwei Studienjahren hauptsächlich mit Neuffer und Magenau verkehrt hatte, trat er wahrscheinlich im Herbst 1790 außerdem noch in nähere Beziehung zu Hegel und Schelling.[52]) Diese neuen Beziehungen ersetzten ihm einigermaßen die beiden Herzensfreunde, als diese im Herbst 1791 das Stift verließen. Im Herbst und Winter 1790 wohnte Hölderlin zusammen mit Hegel und Schelling auf der Augustinerstube. Er schreibt in dieser Zeit an seine Schwester:[53]) „Heute haben wir großen Markttag. Ich werde, statt mich von dem Getümmel hinüber und herüberschieben zu laßen, einen Spaziergang mit Hegel, der auf m. Stube ist, auf die Wurmlinger Kapelle machen, wo die berühmte schöne Aussicht ist." — Gemeinsame philosophische Interessen, die Freude an der griechischen Geisteswelt und die Begeisterung für die „Freiheit" als die Vorbedingung der Verwirklichung des Ideals edler Menschlichkeit hatten die drei zusammengeführt.

Georg Wilhelm Friedrich Hegel[54]) ist geboren am 27. August 1770 zu Stuttgart als Sohn des Rentkammersekretärs Georg Ludwig Hegel und seiner Ehefrau Maria Magdalena geb. Fromm. Er besuchte das Stuttgarter Gymnasium. Klaiber hat in seiner schon öfters erwähnten Schrift ein anschauliches Bild von dem Tun und Treiben des jungen Gymnasiasten entworfen. In philisterhafter Nüchternheit exzerpierte er die Werke der damaligen Gelehrsamkeit, um sich auf diese Weise ein „sorgsam geordnetes Inventarium über den gesamten Wissensbestand seiner Zeit" anzulegen.

Erst als er mit der griechischen Geisteswelt in Berührung kam, nahm seine Entwicklung eine Wendung. Er las zuerst Epiktet, sodann Homer, Longin, Sophokles, Euripides und fühlte sich mächtig zum „Jünglingsalter der Menschheit" hingezogen. Die Freude an der antiken Kultur ist ihm seitdem geblieben. In der Rede, die er am 29. September 1809 als Gymnasialrektor zu Nürnberg hielt, sagt er: „Ich glaube nicht zuviel zu behaupten, wenn ich sage, daß wer die Werke der Alten nicht gekannt hat, gelebt hat, ohne die Schönheit zu kennen". Diese Werke der Alten schienen ihm „den edelsten Nahrungsstoff in der edelsten Form, die goldenen Äpfel in silbernen Schalen zu enthalten".

Zu gleicher Zeit mit Hölderlin kam Hegel im Herbst 1788 ins Tübinger Stift. Er hörte bei Schnurrer Apostelgeschichte, Psalmen und katholische Briefe; bei Flatt Cicero, De natura Deorum; empirische Psychologie und Metaphysik; bei Rösler Geschichte der Philosophie; außerdem die Vorlesung des Repetenten Bardili: „De usu scriptorum profanorum in theologia", promovierte zusammen mit Hölderlin am 22. September 1790 zum Magister der Philosophie. Seine specimina handelten: „Über das Urtheil des gemeinen Menschenverstands über Objectivitaet und Subjectivitaet der Vorstellungen" und: „Über das Studium der Geschichte der Philosophie".

In den beiden theologischen Studienjahren hörte Hegel besonders bei Storr. Die Vorlesungen soll er unregelmäßig besucht haben. Hegels „Stiftsgenosse" Leutwein berichtet, er habe sich „etwas genialisch" betragen und sich mit den Klosterstatuten nicht immer in Einklang befunden. Überhaupt sei seine „Moralität" besser gewesen als seine „Legalität".

In den Semesterberichten des Stifts bleiben sich die Zeugnisse über ingenium und Fleiß Hegels stets gleich. Von Martini 1788 bis Martini 1793 heißt es immer: „Ingenium bonum, diligens". Dagegen lautet das Zeugnis über sein Betragen Martini 1788 und Georgii 1789: „mores boni", Martini 1789 und Georgii 1790: „mores recti", Martini 1790: „mores probi", Georgii 1791 und Martini 1791 sogar: „mores languidi", von Georgii 1792 an bis zum Schluß: „mores recti".

Leutwein berichtet, wie Hegel durch die Tatsache, daß er — Georgii 1790 — in der Lokation des Stifts hinter seinen „Compromotionalen" Märklin gesetzt wurde, mächtig angespornt worden sei: Er „fing an, mit ungeheurer Kraftanstrengung zu arbeiten. Er übernachtete ganze Wochen auf dem Sopha".

Was die Privatstudien Hegels betrifft, so erzählt Leutwein, daß ihn das Studium der Metaphysik nicht sonderlich interessiert habe. Er war „Eklektiker und schweifte noch im Reiche des Wissens cavalièrement herum". Besondere Freude hatte er am Buch Hiob „wegen dessen ungeregelter Natursprache".

Dem Ausleihbuch der Stiftsbibliothek entnehmen wir, daß Hegel sich in den Sommersemestern 1791 und 1792 mit Linné beschäftigte. Auf diese botanischen Studien spielen die Worte an, die ihm der Magister Sartorius ins Stammbuch schrieb: „Freundschaft ist eine Pflanze, die sorgfältig gepflegt in jedem Boden gedeiht. Sie behaupteten jüngst, die Botanik erwarte keine Erweiterung mehr. Geschwind legen Sie diß Supplement in Ihren Linnée ein — und erinnern Sie sich — gleichviel als Botaniker oder Nichtbotaniker — Ihres aufrichtigen Freundes M. Sartorius. d. 7. Septbr. 1791."

Das Zeugnis, das Hegel vor seinem Abgang aus dem Stift von Inspektorat und Repetenten ausgestellt wurde, hebt sein gutes Gedächtnis, sein ausgebildetes Urteilsvermögen und die Mühe hervor, die er auf philosophische Studien verwendete, macht aber auch darauf aufmerksam, daß sein Fleiß nicht immer gleich gewesen sei und daß er sich als Redner in keiner Weise ausgezeichnet habe (vgl. I. Abschnitt, Anm. 63).

Bei seinen Kameraden galt er als „lumen obscurum", doch wurde er geschätzt: „er war bei allen wohlgelitten". Sein schwerfälliges, philisterhaftes Benehmen fiel den Altersgenossen auf. Man nannte ihn scherzhafterweise den „alten Mann". Sein Freund Fallot zeichnete ihn auf ein Stammbuchblatt mit gesenktem Haupt auf zwei Stöcken einhergehend und setzte die Worte dazu: „Gott stehe dem alten Mann bey". „Eine gewisse Jovialität und Kneipenbehaglichkeit machte ihn auch zum angenehmen Gesellschafter." Er nahm gern an Gelagen teil, „wo dem Bacchus geopfert wurde", und spielte gern Tarock.

Dem schönen Geschlecht scheint der Student Hegel hold gewesen zu sein. Besonderen Gefallen fand er an Auguste Hegelmaier, der Tochter des damals schon verstorbenen Theologieprofessors und Superattendenten des Stifts. Am 7. Oktober 1791 schrieb Hegel seinem Freund Fink ins Stammbuch: „Schön schloß sich der letzte Sommer, schöner der itzige! Das Motto von jenem war: Wein, von diesem: Liebe! 7. t. Octbr. 91. V.[ive] A.[ugustine]!"

Von größerer Bedeutung als solche Liebeleien waren für Hegel die freundschaftlichen Beziehungen, die ihn mit Hölderlin und Schelling verbanden. Es scheint, daß die drei sich gerade im Wintersemester 1790/91 näher traten, als Schelling ins Stift kam.

Friedrich Wilhelm Joseph Schelling[55]) ist am 27. Januar 1775 in Leonberg als Sohn des Diakonus Joseph Friedrich Schelling und seiner Ehefrau Gottliebin Marie geb. Cleß geboren. Schon 2 Jahre nach Schellings Geburt wurde sein Vater Professor an der höheren Klosterschule in Bebenhausen bei Tübingen. In diesem weltabgeschiedenen Waldtal hat Schelling glückliche Jugendjahre verbracht. In seiner Jugendarbeit: „Geschichte des Klosters Bebenhausen" schreibt der Knabe mit Beziehung auf die Bebenhäuser Landschaft: „Fürwahr auch wilde Natur ist schön! Oft pries ich über diese wildschönen Örter Gott, den Schöpfer!" Schelling hatte für Naturschönheiten einen besseren Blick als manche seiner Zeitgenossen z. B. C. Reinhard,[56]) der von der landschaftlichen Lage der vier Seminarien sagt: „Nun denke man sich vier Mönchsklöster, mit der furchtbaren Aussicht an dichte Wälder und kahle Felswände, die über sie hereinzustürzen drohen."

In weltferner Waldeinsamkeit wuchs der „Mystagoge der Natur" und „Vertraute der Schöpfung" heran. Nachdem er eine Zeitlang die Volksschule des Dorfes besucht hatte und außerdem von seinem Vater in den Anfangsgründen der lateinischen und griechischen Sprache unterrichtet worden war, brachte ihn die Mutter im Frühjahr 1785 in die Lateinschule nach Nürtingen, wo er bei seinem Onkel wohnte und von dem Präzeptor Kraz aufs „Landexamen" vorbereitet wurde. Kraz geriet schon am Tage der „Einlieferung" seines neuen Schülers in Staunen über dessen Kenntnisse.

Im September 1785 bestand Schelling das „Landexamen" zum erstenmal — es mußte in jener Zeit von jedem der jungen Bewerber viermal abgelegt werden. Im Spätjahr 1786 sandte der Lehrer seinen Schüler nach Bebenhausen zurück mit dem Bemerken, daß dieser die andern Schüler so weit überflügelt habe, daß er in seiner Schule nichts mehr lernen könne. —

Der Vater, der anfänglich nicht wußte, was er mit seinem frühreifen Sohn anfangen solle, behielt ihn nun noch weitere 4 Jahre bei sich in Bebenhausen und ließ den Elfjährigen am Unterricht der Siebzehn- und Achtzehnjährigen teilnehmen. Schelling wurde teils von seinem Vater (besonders im Hebräischen), teils von dem Professor J. Fr. Reuchlin (besonders im Griechischen) unterrichtet. Obgleich die Frühreife des Knaben vielfach bewundert wurde, findet sich doch bei ihm keine Spur von Blasiertheit: „Das ingenium praecox war bei ihm durchaus auch ein ingenium hilare, ja petulans", schreibt sein Biograph.[57]) Die jüngere Schwester Schellings schildert ihn als einen neckischen und „arg unmüßigen"[58]) Jungen. Die lateinischen und griechischen Distichen und Hexameter aus jener Zeit verraten dichterische Begabung und feines Sprachgefühl.

Im Herbst 1790 wurde Schelling auf ein Gesuch seines Vaters ins Tübinger Stift aufgenommen und wohnte nun mit Hegel und Hölderlin zusammen auf der Augustinerstube. Im Stift setzte Schelling hauptsächlich unter Schnurrers Leitung[59]) seine alttestamentlichen Studien fort. Außerdem studierte er Platon, Leibniz und Kant. Er hörte bei denselben Lehrern, bei denen Hölderlin und Hegel gehört hatten und außerdem noch bei dem Professor J. Fr. Abel,[60]) der als Professor der Philosophie 1790 nach Tübingen gekommen war und dort Logik, Metaphysik, Psychologie und Ästhetik dozierte.

Aus dem Magisterprogramm von 1792 geht hervor, daß Schelling außer den gewöhnlichen Vorlesungen die Vorlesungen von Flatt über Kants Kritik der reinen Vernunft, Cicero, De natura deorum und De finibus boni et mali, sowie über Epiktets Enchiridion hörte, und daß er die Vorlesungen von Conz über: „Historia litterarum elegantiorum" sowie über Seneca und Aristophanes besuchte.

Im September 1792 promovierte Schelling zum Magister der Philosophie, nachdem er zwei Specimina eingereicht hatte: „Über die Möglichkeit einer Philosophie ohne Beinamen, nebst einigen Bemerkungen über die Reinholdische Elementarphilosophie" und „Über die Übereinstimmung der Critik der theoretischen und praktischen Vernunft, besonders in Bezug auf den Gebrauch der Categorien, und der Realisirung der Idee einer intelligiblen Welt durch ein Factum in der lezteren." Die Dissertation, die Schelling bei der Magisterprüfung verteidigte, hatte er ebenfalls selbst verfaßt. Sie war überschrieben: „Antiquissimi de prima malorum humanorum origine philosophematis (Genes. III.) explicandi tentamen criticum et philosophicum". In dieser Dissertation stellt Schelling die Schöpfungsgeschichte als einen philosophischen Mythus dar.[61]) Aus der Abhandlung geht hervor, daß Schelling nicht bloß Leibniz, sondern auch Herder kannte und verehrte.

Schelling beschäftigte sich damals viel mit religionsgeschichtlichen und -philosophischen Fragen, speziell mit dem Problem der Genesis religiöser Mythen. 1793 erschien sein Aufsatz: „Über Mythen, historische Sagen und Philosopheme der ältesten Welt" in Paulus' Memorabilien. Im übrigen beschäftigte er sich mit dem Gnostizismus und las (wie aus dem Ausleihbuch der Stiftsbibliothek hervorgeht) Plato, Strabo, Sextus Empiricus, Clemens Alexandrinus, Grotius („De iure belli et pacis"), Bruckers Geschichte der Philosophie sowie verschiedene Werke aus dem Gebiet der alttestamentlichen Theologie und der orientalischen Sprachwissenschaft.

In der Zeit seines theologischen Studiums hörte er besonders bei Storr, den er achtete, ohne sich für seine Theologie erwärmen zu können. Die theologischen Universitätsstudien schloß Schelling 1795 ab mit einer Arbeit: „De Marcione Paullinarum epistolarum emendatore".

Im Stift war Schelling Gegenstand der Bewunderung. Die Semesterberichte stellen ihm, was Begabung und Fleiß betrifft, das Zeugnis: „Ingenium felix, studia urgens" aus. Die mores werden Martini 1790 und Georgii 1791 als boni, Martini 1791 als probi bezeichnet. Von da an lautet das Sittenzeugnis: „Mores boni quidem, sed ad legem non prorsus adstricti."

Mit Hölderlin war Schelling vielleicht schon in Nürtingen bekannt geworden. Mit Hegel und Hölderlin verband ihn die gemeinsame Begeisterung für griechische Kunst und Kultur und die gemeinsame Liebe zur Philosophie. Die drei lasen zusammen Platon, Kant und Jacobis Briefe an Mendelssohn über die Lehre des Spinoza. In diesen Briefen wird (S. 12 der 1. Aufl.) erzählt, wie Lessing geäußert habe: „Die orthodoxen Begriffe von der Gottheit sind nicht mehr für mich; ich kann sie nicht genießen. 'Εν και παν! Ich weiß nichts anders." Gerade diese Stelle notierte Hölderlin in seinem Auszug der Briefe Jakobis.[62]) Auf S. 405 der Ausgabe von 1789 wird das „Ἓν καὶ πᾶν" wiederum als Symbol des Spinozismus genannt.

Dieses Ἓν καὶ πᾶν findet sich auch auf dem Stammbuchblatt, das Hölderlin seinem Freunde Hegel widmete. Es enthält folgende Worte:

„Göthe.
Lust und Liebe sind
die Fittige zu großen Thaten.

Tüb.
d. 12. Febr. — Schriebs zum Andenken
1791 — dein Freund
S.[ymbolum] Ἐν και παν — M. Hölderlin."[63])

Während die übrigen Worte die unverkennbaren Schriftzüge Hölderlins aufweisen, fällt es jedem aufmerksamen Leser ohne weiteres auf, daß die Stelle: „S. Ἐν και παν" mit anderer Feder, anderer Tinte und von anderer (vielleicht von Hegels) Hand geschrieben ist — Hegel hat auch sonst Einzeichnungen seiner Freunde durch eigene Zusätze ergänzt. Immerhin darf man wohl annehmen, daß diese Worte dem damaligen Standpunkt Hölderlins entsprachen.

Eine Seite seines Wesens ließ ihn schon von frühester Jugend an zur pantheistischen Weltbetrachtung tendieren: sein Vermögen, die Schönheit der Natur zu empfinden und die Verwandtschaft ihres Lebensgrundes mit seinem eigenen herauszufühlen. In einem Brief,[64]) in dem der Achtzehnjährige seiner Mutter von einer Reise nach Speier berichtet, schreibt er über seine Gefühle angesichts der schönen Landschaft am Rhein, „so voll Seegen des Herrn",: „Ich gieng gerührt nach Haus, und dankte Gott, daß ich empfinden konnte, wo tausende gleichgültig vorübereilen".

Wenn er als Knabe sich aus dem Geschrei der Menschen in die Stille von Wald und Feld rettete, mit den Blumen spielte oder traumverloren in des Himmels Blau blickte, dann belebte sich ihm die menschenleere Welt mit vielen Gestalten, sie redeten zu ihm, und er vernahm ihre Stimmen:

„Da ich ein Knabe war
Rettet' ein Gott mich oft
Vom Geschrei und der Rute der Menschen,
Da spielt ich sicher und gut
Mit den Blumen des Hains,
Und die Lüftchen des Himmels
Spielten mit mir.

Und wie Du das Herz
Der Pflanzen erfreuest,
Wenn sie entgegen Dir
Die zarten Arme streken,
So hast Du mein Herz erfreut,
Vater Helios! und wie Endymion,
War ich Dein Liebling,
Heilige Luna!

O all ihr treuen
Freundlichen Götter!
Daß ihr wüßtet,
Wie euch meine Seele geliebt!

Zwar damals nannt' ich noch nicht
Euch mit Namen, auch ihr
Nanntet mich nie, wie Menschen sich nennen-
Als kennten sie sich.
Doch kannt' ich euch besser
Als ich je die Menschen gekannt,
Ich verstand die Stille des Äthers,
Der Menschen Worte verstand ich nie.

Mich erzog der Wohllaut
Des säuselnden Hains
Und lieben lernt' ich
Unter den Blumen.
Im Arme der Götter wuchs ich groß!"[65]) — —

Es dauerte geraume Zeit, bis die pantheistische Tendenz von Hölderlins Wesen sich durchgerungen hatte. Im Anfang seiner Studienzeit stand er noch fest auf dem Boden des kirchlichen Christentums.[66]) Erst am Ende der philosophischen Studienjahre regten sich Zweifel in ihm. Er stand unter dem Eindruck der Kritik der Gottesbeweise durch Kant, der dargetan hatte, „daß die Vernunft . . . . . vergeblich ihre Flügel ausspanne, um über die Sinnenwelt durch die bloße Macht der Speculation hinauszukommen".[67]) Hölderlin schildert im Winter 1790/91[68]) seiner Mutter, wie er sich mit den Beweisen für das Dasein und die Eigenschaften Gottes abgemüht habe. Er gesteht ihr, daß diese Studien ihn einige Zeit auf Gedanken führten, die die Mutter beunruhigt hätten. Er sah ein, wie leicht diese „Beweise" der Vernunft für Gottes Dasein und Unsterblichkeit umgestoßen werden könnten.

Aber wenn Kant andererseits gezeigt hatte, daß der Gottesglaube sich ebensowenig widerlegen als beweisen lasse, so meinte Hölderlin, daß der, der sich nur von der Vernunft leiten lasse, bei der Weltanschauung Spinozas, den er für einen „Gottesleugner" hielt, landen müsse. Zweifellos war Hölderlin hier von Gedanken Jacobis beeinflußt. Hölderlin schreibt in dem erwähnten Brief: „In dieser Zeit fielen mir Schriften über und von Spinoza, einem großen edeln Manne aus dem vorigen Jahrhundert, und doch Gottesläugner nach strengen Begriffen, in die Hände. Ich fand, daß man, wenn man genau prüft, mit der Vernunft, der kalten vom Herzen verlassenen Vernunft auf seine Ideen kommen muß, wenn man nämlich alles erklären will."

Aber Rousseau und Jacobi hatten darauf hingewiesen, daß der Mensch nicht bloß aus Vernunft, sondern auch aus Herz und Gemüt besteht: was der kalte Verstand zusammengerissen hatte, versuchte das gefühlswarme Herz wieder aufzurichten. Hölderlin schreibt: „Da blieb mir der Glaube meines Herzens, dem so unwidersprechlich das Verlangen nach Ewigem, nach Gott gegeben ist, übrig". Aber wiederum kommen ihm Bedenken: „Zweifeln wir nicht gerade an dem am meisten, was wir wünschen?" — In seinem redlichen Bemühen, den Glauben seiner Kindheit zu erhalten, waren ihm auch die Argumente der Tübinger Theologie recht, um zur Unterbauung des Glaubens verwendet zu werden. Ganz im Sinn der Storrschen Dogmatik[69]) schreibt er: „Wer hilft uns aus diesen Labyrinthen? — Christus. Er zeigt durch Wunder, daß er das ist, was er von sich sagt, daß er Gott ist. Er lehrt uns Daseyn der Gottheit und Liebe und Weisheit und Allmacht der Gottheit so deutlich. Und er muß wissen, daß ein Gott, und was Gott ist, denn er ist aufs innigste verbunden mit der Gottheit. Ist Gott selbst."

Es mag sein, daß Hölderlin durch diese Argumente für einige Zeit beruhigt wurde. Jedenfalls war es nicht von Dauer. Gerade an dieser Art des Gottesbeweises hatte besonders der junge Schelling heftigen Anstoß genommen. Dazu kam der Einfluß von Schillers „Philosophischen Briefen".[70]) Sie haben in Hölderlin vollends den Pantheismus ausgebildet, der sich später im Thaliafragment des Hyperion äußert:[71])

„Es war ein stiller Herbsttag. Wunderbar erfreute mich die sanfte Luft, wie sie die welken Blätter schonte, daß sie noch eine Weile am mütterlichen Stamme blieben. Ein Kreis von

Platanen, wo man über das felsige Gestade weg ins Meer hinaussah, war mir immer heilig gewesen. Dort saß ich und gieng umher. Es war schon Abend geworden, und kein Laut regte sich rings umher.

Da ward ich, was ich jezt bin. Aus dem Innern des Hains schien es mich zu mahnen, aus den Tiefen der Erde und des Meers mir zuzurufen, warum liebst du nicht mich?

Von nun an konnt' ich nichts mehr denken, was ich zuvor dachte, die Welt war mir heiliger geworden, aber geheimnisvoller."

— — — — — — — — — — — — — — —

„Noch ahnd' ich, ohne zu finden. Ich frage die Sterne und sie verstummen, ich frage den Tag, und die Nacht; aber sie antworten nicht. Aus mir selbst, wenn ich mich frage, tönen mystische Sprüche, Träume ohne Deutung.

Meinem Herzen ist oft wohl in dieser Dämmerung. Ich weis nicht, wie mir geschieht, wenn ich sie ansehe, diese unergründliche Natur; aber es sind heilige seelige Thränen, die ich weine vor der verschleierten Geliebten. Mein ganzes Wesen verstummt und lauscht, wenn der leise geheimnisvolle Hauch des Abends mich anweht. Verloren ins weite Blau, blik' ich oft hinauf an den Aether, und hinein ins heilige Meer, und mir wird, als schlösse sich die Pforte des Unsichtbaren mir auf, und ich vergienge mit allem, was um mich ist, bis ein Rauschen im Gesträuche mich aufwekt aus dem seeligen Tode, und mich wider Willen zurükruft auf die Stelle, wovon ich ausgieng." —

Trotz aller zarten Rücksichtnahme auf die Mutter drang die pantheistische Tendenz im Denken Hölderlins durch, und wenn er meinte, die Vernunft leite notwendigerweise zum Pantheismus Spinozas, so drückt sich in dieser Täuschung nur das Gefühl des Mannes aus, der durch seine ganze Eigenart zum Pantheismus bestimmt war.

Fortan betonte Hölderlin am Christentum nur seine allgemein-menschlichen Ideale: er verehrt es als die Religion der Menschenliebe. Es gab auch damals noch Stunden, da er sich mit dem Gedanken abfand, „mit brüderlichem Herzen einst eine Gemeinde zu belehren und zu ermahnen", aber er denkt weniger daran, seine Hörer im Glauben als vielmehr in der Liebe zu erbauen und schreibt an seine Mutter:[72]) „Sie können glauben, daß ich aus warmem Herzen spreche. Oft denk' ich, wenn ich wieder von meiner Kanzel herunter bin, hast Du nur ein Fünkchen mer Menschenliebe und herzliche thätige Theilnehmung erwekt, so bist Du ein glüklicher Mensch. O wenn ich sonst keinen ausgebreiteten Nuzen stiften kann in der Welt, so bleibt mir doch diß, mit brüderlichem Herzen einst eine Gemeinde zu belehren und zu ermahnen."

In seiner Seele lebte die Hoffnung auf einen kommenden Idealzustand der Menschheit,[73]) da alles Edle, was im Menschen angelegt ist, verwirklicht sein wird. Dann werden — so hofft er — alle Scheidewände fallen und die Menschen sich zum großen Bund der Liebe zusammenschließen, dann wird das Gesetz der Freiheit herrschen.

In der letzten Zeit seiner Universitätsjahre schreibt Hölderlin an seinen Bruder: „Meine Liebe ist das Menschengeschlecht, freilich nicht das verdorbene, knechtische, träge, wie wir es nur zu oft finden auch in der eingeschränktesten Erfahrung. Aber ich liebe die große schöne Anlage auch in verdorbenen Menschen. Ich liebe das Geschlecht der kommenden Jahrhunderte. Denn dies ist meine seligste Hoffnung, der Glaube, der mich stark erhält und thätig, unsere Enkel werden besser seyn als wir, die Freiheit muß einmal kommen, und die Tugend wird besser gedeihen in der Freiheit heiligem erwärmenden Lichte, als unter der eiskalten Zone des Despotismus. Wir leben in einer Zeitperiode, wo alles hinarbeitet auf bessere Tage. Diese Keime von Aufklärung, diese stillen Wünsche und Bestrebungen Einzelner zur Bildung des Menschengeschlechts werden sich ausbreiten und verstärken, und herrliche Früchte tragen. Sieh! lieber Karl! dies ist's, woran nun mein Herz hängt. Dies ist das heilige Ziel meiner Wünsche, und meiner Thätigkeit — dies, daß ich in unserm Zeitalter die Keime wecke, die in einem künftigen reifen werden".[74])

Hölderlin glaubte, dieser Idealzustand sei in Griechenland einst verwirklicht gewesen. Der Genius Griechenlands beschloß im Angesichte der Götter, auf Liebe ein Reich zu gründen:[75])

„Da staunten die Himmlischen alle.
Zu brüderlicher Umarmung,
Neigte sein königlich Haupt
Der Donnerer nieder zu dir.
Du gründest auf Liebe dein Reich."

Damit dieses Ideal aufs neue verwirklicht werde, muß nach Hölderlins und Hegels Ansicht erst das Joch der Tyrannei zerbrochen werden. Wenn aber einmal die äußere und innere Freiheit in der Menschenwelt herrschen, dann kehren Gerechtigkeit und Treue, Liebe und Freude wieder bei den Menschen ein:

„Was zum Raube sich die Zeit erkoren,
Morgen steht's in neuer Blüthe da;
Aus Zerstörung wird der Lenz geboren,
Aus den Fluten stieg Urania;
Wenn ihr Haupt die bleichen Sterne neigen,
Stralt Hyperion im Heldenlauf —
Modert, Knechte! freie Tage steigen
Lächelnd über euern Gräbern auf." [76]) —

Die französische Revolution hatte unter den Tübinger Studenten ein mächtiges Echo gefunden.

Die Begeisterung für die Freiheit verband Hölderlin auch mit Isaac von Sinclair,[77]) an den er sich in der letzten Zeit seiner Studienjahre angeschlossen hatte.

Nicht bloß das Verlangen nach der Schönheit der Alpenlandschaft, auch die Sehnsucht nach dem „Land der göttlichen Freiheit" bestimmte Hölderlin, in den Herbstferien 1791 zusammen mit Hiller[78]) und Memminger[79]) einen Ausflug in die Schweiz zu unternehmen.[80]) In einem Brief an die Mutter vom Sommer 1791 [81]) schreibt er ihr von seinem Vorhaben und bittet sie, ihm zur Wanderung seinen „Dornenstock", der ihm „ein unentbehrliches Meuble" sei, zu schicken. Mit dem Felleisen über der Schulter, versehen mit den nötigsten Wäschestücken, machten die Drei sich auf den Weg. Er führte sie nach Schaffhausen, Zürich und Einsiedeln, auf den Hakenberg, an den Vierwaldstättersee und auf das Rütli, an die „Heiligtümer der Freiheit".[82]) Diese faßten die drei Freunde „tief ins Herz, und seegneten sie, und schieden".

Wehmütig gedenkt Hölderlin dieser Reise in seinem Gedicht: „Kanton Schwyz. An meinen lieben Hiller"[83]):

„Könnt' ich dein vergessen, o Land der göttlichen Freiheit!
Froher wär' ich; zu oft befällt die glühende Schaam mich,
Und der Kummer, gedenk' ich dein, und der heiligen Kämpfer.
Ach! da lächelt Himmel und Erd' in frölicher Liebe
Mir umsonst, umsonst der Brüder forschendes Auge.
Doch ich vergesse dich nicht! ich hoff' und harre des Tages,
Wo in erfreuende That sich Schaam und Kummer verwandelt".

„Der begeistertste Redner der Freiheit" im Stift war Hegel, der eifrige Leser von Rousseaus Werken.[84]) Aber auch Hölderlins Gedichte zeugen von einem mächtigen Freiheitsdrang und von einem Haß gegen jede Tyrannei, von einer Sehnsucht nach der Zeit, „da die Königsstühle trümmern" und „die Scheidewand von Flittern fällt".[85])

Das elementare Verlangen der Stiftler nach Freiheit erklärt sich wohl zum größten Teil aus der Unfreiheit, in der diese Magister und Studenten im Stift lebten. Man fühlte sich mannbar und zu großen Dingen berufen und wollte sich nicht mehr wie Kinder gängeln und auf Schritt und Tritt beaufsichtigen lassen. Man wußte wohl, daß es weder der Ephorus noch die Repetenten, sondern vielmehr die Stuttgarter Behörde und in erster Linie der Herzog selbst war, der „die strenge Observanz" beibehalten haben wollte.[86]) Gegen ihn, den herzoglichen „Schulmeister" richtete sich daher ganz besonders der Haß der freiheitsdurstigen Stiftler.

Es bildete sich ein politischer Klub im Stift, es wurden freisinnige Reden gehalten,[87]) Freiheitslieder gedichtet, sofern sie französisch waren, ins Deutsche übersetzt, deklamiert und gesungen. „Eines Morgens .... an einem Sonntag" zog eine Anzahl Stiftler, darunter Hegel, Hölderlin und Schelling „auf eine Wiese, unweit Tübingen" in der Nähe des Neckar, errichteten einen Freiheitsbaum und umtanzten ihn.[88])

Von diesen freiheitlichen Regungen der Stiftler hatte auch der Herzog in Stuttgart erfahren. Er reiste eilends nach Tübingen und versammelte die Stiftler in der „Communität".[89]) Der Ephorus Schnurrer hatte zeitig dafür gesorgt, daß der als Rädelsführer bekannte Stiftler Wetzel sich bei Nacht aus dem Staub machte. Er wurde „der Sündenbock" für die andern. Aber auch Schelling war belastet. Man warf ihm vor, er habe die Marseillaise übersetzt. Er mußte mit einigen seiner Kommilitonen vortreten. Der Herzog hielt die Marseillaise in der Hand, blickte Schelling scharf an und sagte: „Da ist in Frankreich ein saubres Liedchen gedichtet worden, wird von den Marseiller Banditen gesungen, kennt Er es?" Unerschrocken sah ihm Schelling mit seinen großen blauen Augen ins Gesicht. Dem Herzog imponierte dieses Benehmen. Er hielt eine kurze Strafrede an die Stiftler. Nachdem sie beendet war, fragte er Schelling, ob ihm die Sache leid sei. Darauf soll dieser geantwortet haben: „Durchlaucht wir fehlen alle mannigfaltig".

Im Herbst 1793 schieden die drei Freunde voneinander. Hegel wurde Hauslehrer in Bern, Hölderlin ging in gleicher Eigenschaft nach Waltershausen, Schelling blieb in Tübingen zurück.

Während die Beziehungen zwischen Hölderlin und Schelling durch die räumliche Trennung etwas gelockert wurden, verkehrten Hegel und Hölderlin auch weiterhin brieflich und persönlich oft miteinander. Sie verstanden sich gut bei aller Verschiedenheit der Naturen: sie ergänzten sich. Der Gemütsmensch brauchte den „Verstandesmenschen" und fühlte, daß dieser auch ihn brauchen konnte.[90]) Sie hatten beide ein Ziel. Hegels Ideal war: auf der Grundlage der Liebe die private christliche Religiosität zu einer Volksreligion fortzubilden; die Religion sollte die Seele des Staates werden.[91])

Und auch Hölderlin wollte auf Liebe ein Reich gründen. Als die beiden voneinander schieden, war ihre Losung: „Reich Gottes".[92])

Wie mächtig der Einfluß Hölderlins auf Hegel war, zeigt sich in dem pantheistischen Gedicht „Eleusis", das Hegel im August 1796 Hölderlin widmete.[93]) Später als der Freund war Hegel zu dessen religiösem Standpunkt gekommen und schildert nun diesem sein Erleben: Das All-Eine ist unfaßbar. Die Göttin vermag nicht mit Worten, sondern nur durch Taten verehrt zu werden. Doch: „dem Sinne nähert Phantasie das Ewige", in den eleusinischen Mysterien erlebt der Dichter das unsagbare Eine:[94])

„Eleusis

An Hölderlin. August 1796.

Um mich, in mir wohnt Ruhe, — der geschäft'gen Menschen
Nie müde Sorge schläft, sie geben Freiheit
Und Muße mir — Dank dir, du meine
Befreierin, o Nacht! — Mit weißem Nebelflor
Umzieht der Mond die ungewissen Gränzen
Der fernen Hügel: freundlich blinkt der helle Streif
Des See's herüber des Tags langweil'gen Sermon fernt
Erinnerung
Als lägen Jahre zwischen ihm und jtzt;
Dein Bild, Geliebter, tritt vor mich,
Und der entfloh'nen Tage Lust; doch bald weicht sie.
Des Wiedersehens süßern Hofnungen —
Schon mahlt sich mir der langersehnten, feurigen
Umarmung Scene; dan der Fragen, des geheimern,
Des wechselseitigen Ausspähens Scene,
Was hier an Haltung, Ausdruk, Sinnesart am Freund
Sich seit der Zeit geändert, — der Gewisheit Wonne,
Des alten Bundes Treue, fester, reifer noch zu finden,
Des Bundes, den kein Eid besiegelte,
Der freien Wahrheit nur zu leben,
Frieden mit der Satzung,
Die Meinung und Empfindung regelt, nie nie einzugehn.

Nun unterhandelt mit der trägern Wirklichkeit der Wunsch,
Der über Berge Flüsse leicht mich zu dir trug,
— Doch ihren Zwist verkündet bald ein Seufzer, und mit ihm
Entflieht der süßen Phantasieen Traum.
Mein Aug erhebt sich zu des ew'gen Himmels Wölbung,
Zu dir, o glänzendes Gestirn der Nacht!
Und aller Wünsche, aller Hofnungen
Vergessen strömt's deiner Ewigkeit herab;
(Der Sinn verliert sich in dem Anschaun,
Was mein ich nannte, schwindet,
Ich gebe mich dem Unermeslichen dahin,
Ich bin in ihm, bin Alles, bin nur es.
Dem wiederkehrenden Gedanken fremdet,
Ihm graut vor dem Unendlichen, und staunend fast
Er dieses Anschauns Tiefe nicht.
Dem Sinne nähert Phantasie das Ewige
Vermählt es mit Gestalt)[95]) — Willkomen, ihr
Erhab'ne Geister, hohe Schatten,
Von deren Stirne die Vollendung strahlt!
Er schrekket nicht, — ich fühl' es ist auch meiner Heimath Aether
Der Ernst, der Glanz, der euch umfliest,
Ha! sprängen jzt die Pforten deines Heiligthumes selbst
O Ceres, die du in Eleusis thronteſt! Von
Begeistrung trunken fühlt' ich jzt
Die Schauer deiner Nähe,
Verstände deine Offenbahrungen,
Ich deutete der Bilder hohen Sinn, vernähme
Die Hymnen bei der Götter Mahlen,
Die hohen Sprüche ihres Raths. —
Doch deine Hallen sind verstummt, o Göttin!
Geflohen ist der Götter Krais in den Olymp
Von den entheiligten Altären,
Geflohn von der entweihten Menschheit Grab
Der Unschuld Genius, der her sie zauberte! —
Die Weisheit deiner Priester schweigt; kein Ton der heil'gen
Weihe,

Hat sich zu uns gerettet — und vergebens sucht
Des Forschers Neugier — mehr, als Liebe
Zur Weisheit sie besitzen die Sucher und
Verachten dich — um sie zu meistern, graben sie nach Worten,
In die Dein hoher Sinn gepräget wär!
Vergebens! etwa Staub und Asche nur erhaschten sie,
Worein dein Leben ihnen ewig nimmer wiederkehrt.
Doch unter Moder und entseelten auch gefielen sich
Die ewig todten! — die genügsame! — umsonst —, es blieb
Kein Zeichen deiner Feste, keines Bildes Spur.
Dem Sohn der Weihe war der hohen Lehren Fülle,
Des unaussprechlichen Gefühles Tiefe viel zu heilig,
Als daß er trockne Zeichen ihrer würdigte.
Schon der Gedanke fast die Seele nicht,
Die außer Zeit und Raum in Ahndung der Unendlichkeit
Versunken, sich vergißt, und wieder zum Bewußtseyn nun
Erwacht. Wer gar davon zu Andern sprechen wollte,
Spräch' er mit Engelzungen, fühlt' der Worte Armuth.
Ihm graut, das heilige so klein gedacht,
Durch sie so klein gemacht zu haben, daß die Red' ihm Sünde
deucht,
Und daß er lebend sich den Mund verschliest.
Was der Geweihte sich so selbst verbot, verbot ein weises
Gesetz den ärmern Geistern, das nicht kund zu thun,
Was er in heil'ger Nacht gesehn, gehört, gefühlt:
Daß nicht den bessern selbst auch ihres Unfugs Lerm
In seiner Andacht hört', ihr hohler Wörterkram
Ihn auf das Heil'ge selbst erzürnen machte, dieses nicht
So in Koth getretten würde, daß man dem
Gedächtnis gar es anvertraute, — daß es nicht
[Zum] Spielzeug und zur Waare des Sophisten,
Die er obolenweiß verkaufte,
Zu des beredten Heuchlers Mantel, oder gar
Zur Ruthe schon des frohen Knaben, und so leer
Am Ende würde, daß es nur im Widerhall
Von fremden Zungen seines Lebens Wurzel hätte.

Es trugen geizig deine Söhne, Göttin,
Nicht deine Ehr' auf Gaß' und Markt, verwahrten sie
Im innern Heiligthum der Brust —
Drum lebtest du auf ihrem Munde nicht.
Ihr Leben ehrte dich, in ihren Thaten lebst du noch.
  Auch diese Nacht, vernahm ich, heilige Gottheit, dich,
Dich offenbahrt oft mir auch deiner Kinder Leben,
Dich ahnd' ich oft als Seele ihrer Thaten!
Du bist der hohe Sinn, der treue Glauben,
[Der, eine] Gottheit, wenn auch Alles untergeht, nicht wankt."

Hegel und Schelling, Neuffer und Magenau, Sinclair, Hiller und Memminger waren nicht die einzigen, die sich an Hölderlin in dessen Studienzeit anschlossen. Der „liebenswerthe Jüngling" hatte viele Freunde. Schon seine äußere Erscheinung zog die andern an. „Die Freundschaft mit Hölderlin gewann schon durch seine körperliche Schönheit etwas Idealisches; seine Studiengenossen haben erzählt, wenn er vor Tische auf- und abgegangen, sey es gewesen, als schritte Apollo durch den Saal" (Schwab II, S. 274). Magenau [96]) schreibt in seinen Gedenkblättern: „Wer ihn sah, liebte ihn und wer ihn kennen lernte der blieb sein Freund." [97])

Aber er fährt fort: „Ungünstige Liebe, amor capricio hat ihm Tübingen manchesmal verbittert, doch war er nicht taub gegen die Warnungen und Betrauungen seiner Freunde."

So glücklich Hölderlin im Zusammenleben mit seinen Freunden war, so unglücklich war er in der Liebe. In einem Brief vom Winter 1791/92 [98]) schreibt er seinem Freund Neuffer: „Glaube mir, die schöne Blume, die auch Dir blüht, die schönste im Kranze der Lebensfreuden blüht für mich nimmer hienieden. Freilich ist's bitter, solche Schönheit und Herrlichkeit auf Erden zu wißen, und seinem Herzen, das oft stolz genug ist, sagen zu müßen, sie ist nicht Dir bestimmt! Aber ist's nicht thörigt und undankbar, ewge Freude zu wollen, wenn man glüklich genug war, sich ein wenig freuen zu dürfen."

Die Liebe zu Luise Nast, der Tochter des Maulbronner Klosterverwalters, reicht in die Maulbronner Seminarzeit zurück.[99]) Sie machte Hölderlin anfangs überglücklich. Er schrieb damals an seinen Freund N a st:[100]) „Und jezt, Bester, jezt bin ich der glüklichste auf Erden. — Geh es wie will — ich liebe meine Louise ewig — ewig — und ewig — ewig — liebt mich meine Louise."

Als Hölderlin im Herbst 1788 von Maulbronn schied, widmete ihm Luise Nast die Verse:[101])

„Es wechsle wie sie will die Zeit!
Es mögen ihre Jahre schwinden!
Nie wird sie unsre Zärtlichkeit!
O bester Freund verändert finden
Drum keine Wünsch und Schwüre heit
Dann unser Bund ist — für die Ewigkeit!
von
Deiner Louise."

Hölderlin erwiderte:[102])

„Laß sie drohen die Stürme, die Leiden
Laß trennen — der Trennung Jahre
Sie trennen uns nicht!
Sie trennen uns nicht!
Denn mein bist Du! Und über das Grab hinaus
Soll sie dauren die unzertrennbare Liebe.

O! wenn's einst da ist
Das große seelige Jenseits
Wo die Krone dem leidenden Pilger
Die Palme dem Sieger blinkt
Dann Freundin — lohnet auch Freundschaft
Auch Freundschaft — der Ewige."

In Tübingen wechselte Hölderlin mit der Freundin noch eine Zeitlang Briefe. Sie sind uns nur zum Teil erhalten.[103])

Mit inniger Liebe hing Luise an ihrem „Friz". Er ist ihr „alles".[104]) Wenn er ferne von ihr weilt, ruft sie alle Stunden des Zusammenseins mit ihm vor ihre Seele. Am wohlsten ist's ihr dann abends auf dem Kirchhof: die Toten nehmen ihre Tränen auf. In mondhellen Nächten sieht sie empor zu dem „schönen Licht", glücklich in dem Gedanken, daß vielleicht auch ihr Freund jetzt hinaufblicke und daß sie so beide vereint ihre Augen emporheben.[105]) Sie sehnt sich nach der Zeit, wo sie beide ganz „für einander" leben dürfen.[106]) Jedes Plätzchen ihrer Umgebung erinnert sie an den fernen Geliebten. Ihre Briefe kann sie nur in später Nacht schreiben: es muß ganz still um sie her sein, dann erst wird sie ruhig und kann ihre Gedanken ganz dem Freunde widmen. [107]) Wenn sie dann zur Ruhe geht, beschäftigt sich ihr Geist im Traume noch weiter mit ihm: sie träumt von schönen vergangenen Tagen, und beim Erwachen befällt sie jäher Schmerz: „sie sind entflohen die glükliche Zeiten". —

Wenn Hölderlin ihr von seinen Leiden schreibt, bereitet es ihr „traurige Stunden".[108]) Aber diese „Sorgen und Tränen" sind „klein, gering gegen die Freuden, und der Mühe werth wann sie auch noch so groß wären".[109])

Luise Nast war eine edle, fromme Seele. Sie macht sich beinah Vorwürfe, weil sie den Freund so lieb hat, lieber als Eltern und Geschwister.[110]) Sie schreibt ihm: „O Gott weiß es ich liebe meine l. Eltern gewiß recht und meine Geschwister alles alles würde ich für sie thun aber o es ist keine Sünde nein es ist keine Sünde wann ich Dich mehr wann ich Dich über alles liebe, o Du der Du mir alles bist, vor dem keine Geheimnisse in meinem Herzen sind."

Hölderlin erwiderte diese Liebe im ersten Tübinger Jahr mit vollem Herzen. Er wußte, was er an ihr hatte. Der Gedanke, daß sie „in der ganzen lieben Welt" auf nichts blicke als auf „ihren Hölderlin", „entzükt" ihn.[111]) Im Bewußtsein ihrer Liebe fließen seine Tage „heiter" und „ruhig" dahin.[112]) Ein Brief von ihr läßt ihn „Tränen der innigsten Freude" weinen.[113])

Einem Brief vom Winter 1789[114]) läßt sich entnehmen, daß damals seine Gefühle etwas kühler wurden. Hölderlin schreibt hier von einem Brief, den er in „trübsinniger Laune" geschrieben und der die Geliebte betrübt habe. Mit „himmlischer Güte" hatte sie ihm geantwortet. Er erblickt darin einen neuen Beweis dafür, wieviel er an ihr habe, und schreibt: „O lieber Gott! was müßen das für seelige Tage sein, da wir auf ewig vereint so ganz für einander leben — Louise — was werd' ich da an Dir haben."

Andererseits sieht er gerade an dem Verhalten Luisens und dem „Werth ihrer edlen Seele" besonders deutlich seinen Abstand von ihr: „Ich verspreche Dir von nun an, süßes liebes Mädchen — von nun an — wann ich wieder so feindseelig schreibe, will ich nimmer Dein Hölderlin sein."

Wie oben erwähnt, war es vermutlich Neuffer, der Hölderlin geraten hatte, das Verhältnis zu lösen. Er mochte befürchtet haben, daß eine frühe Bindung Hölderlin in seiner dichterischen Entwicklung hemmen und dazu bestimmen würde, möglichst bald „dem Hafen einer schwäbischen Landpfarrerstelle" zuzusteuern.[115]) Solchen Gründen war Hölderlin zugänglich. Er sandte im Winter 1789/90 Ring und Briefe an Luise zurück und schrieb ihr:[116]) „Louise! ich muß offenherzig sein — es ist und bleibt mein unerschütterlicher Vorsaz, Dich nicht um Deine Hand zu bitten, bis ich einen Deiner würdigen Stand erlangt habe. Unterdessen bitte ich Dich, so hoch ich kan, gute, teure Louise! Dich nicht durch Dein gegebnes Wort, blos durch die Wahl Deines Herzens binden zu lassen. Du wirst es für unmöglich halten, gute Seele, einen andern zu lieben, wie Du mir schon so oft bezeugt hast — aber so mancher liebenswerthe Jüngling wird indessen Dein Herz zu gewinnen suchen, so mancher achtungswürdige Mann um Deine Hand Dich bitten, ich will heiter Dir Glük wünschen, wann Du einen würdigen wählst, und Du wirst dann erst einsehen, daß Du mit Deinem mürrischen, mismutigen, kränkelnden Freunde nie hättest glüklich werden können. Sieh! Louise! ich will Dir meine Schwachheit gestehen. Der unüberwindliche Trübsinn in mir — aber lache mich nicht aus — ist wol nicht g a n z, doch m e i st — unbefriedigter Ehrgeiz. Hat dieser einmal, was er will, dann und bälder nicht, werd' ich ganz heiter, ganz froh, und gesund sein. Du siehst jezt den eigentlichen Grund, warum ich den freilich zu raschen Vorsaz faßte unser Verhältniß äußerlich anders stimmen zu wollen. Ich wolte Dich nicht b i n d e n, weil es ungewiß ist, ob jener mein ewiger Wunsch jemals erfüllt, ob jemals dieser — eben menschliche — Ehrgeiz befriedigt wird, ob ich also jemals ganz heiter, ganz froh und gesund werden kan. Und ohn diß würdest Du nie ganz glüklich mit mir sein."

Luise scheint dem Geliebten wegen dieses Schrittes Vorwürfe gemacht zu haben.[117])

Als Hölderlin im Winter 1791/92 von ihrer Verlobung mit C. R. Ludwig vernahm, beruhigte ihn diese Nachricht.[118]) Er schrieb damals an seine Mutter: „Die Neuigkeit, die Sie mir schreiben, b e r u h i g t mich ser — aus Gründen, die Sie werden wol errathen können. Alte Liebe rostet nicht! Das gute Kind dachte immer noch an mich, wie ich mermalen erfuhr — und hätte mich meine 21järige Klugheit nicht geleitet, so wäre ich vieleicht manchem Rezidiv ausgesezt gewesen. Freilich gesteh' ich auch mitunter, daß mir die Nachricht auf einige Augenblike das arme Herzgen pochen machte! Doch das gehört nicht hieher! Bei Gelegenheit muß ich Ihnen sagen, daß ich seit Jar und Tagen fest im Sinne habe, nie zu f r e i e n. Sie können's immerhin für Ernst aufnemen. Mein sonderbarer Karakter, meine Launen, mein Hang zu Projekten, und (um nur recht die Warheit zu sagen) mein Ehrgeiz — alles Züge, die sich one Gefar nie ganz ausrotten lassen — lassen mich nicht hoffen, daß ich im ruhigen Ehestande, auf einer friedlichen Pfarre glüklich sein werde. Doch das ändert vieleicht die Zukunft."

Inzwischen hatte eine n e u e Liebe sein Herz ergriffen. Im Wintersemester 1790/91 hatte er bei einer Auktion E l i s e L e b r e t,[119]) die Tochter des Tübinger Professors der Theologie und Kanzlers der Universität, kennen gelernt. Er berichtet seinem Freund Neuffer darüber, nachdem er „aus bösem Gewissen" längere Zeit geschwiegen hatte:[120])

„Video meliora proboque
Deteriora sequor.“

Doch so ganz schlimm steht's eben nicht. Aus Gelegenheit einer Auction, wo ich freilich keinen Beruf hatte, kam ich ihr nahe — erst kalte Blike — dann versönliche — dann Complimente — dann Erinnerungen und Entschuldigungen —! so wars von beiden Seiten. Seelenvergnügt gieng ich weg, nahm mir aber doch bei kälterem Blute vor, wie zuvor, den zurükhaltenden zu spielen, und bin bisher meinem Vorsaz treu gewesen — das heißt — im Durchschnitt! Ein andersmal gehn wir mer ins Detail. Ich bin zum Stoiker ewig verdorben. Das seh' ich wol. Ewig Ebb' und Fluth."

Hölderlin rühmt die sanfte und gute Seele der Geliebten, den Adel und die Stille ihres Wesens, das ihm besonders gefiel im Gegensatz zu den „Geschöpfen hier und anderswo, die überall bemerkt und immer wizig sein, und ewig nichts als lachen wollen".[121])

Er nennt sie seine „Herzenskönigin"[122]) und sein „Herzensmädchen",[123]) das ihn „in süßen Banden" halte. Er widmet ihr seine Gedichte: „Meine Genesung. An Lyda", „Melodie an Lyda" und „An Lyda".[124])

In dem ersten der drei Lieder schildert er, was ihm die Geliebte gab: seit die Liebe zu ihr sein Herz ergriff, ist ihm zumut, wie wenn er aus schwerer Krankheit genesen wäre. Lyda ist es, die ihn in seinem freudlosen Klosterleben tröstet:

„Mag's den Peinigern gelingen,
Mag die bleiche Sorge sich
Um die stille Klause schwingen,
Lyda, Lyda tröstet mich."

In der begeisterten Liebe zu ihr schmiedet er die kühnsten Pläne:

„Stolzer ward und edler das Verlangen
Als mein Geist der Liebe Kraft erschwang,
Myriaden wähnt' ich zu umfangen
Wenn ich Liebe, trunken Liebe sang."[125])

Die Liebe Hölderlins soll nicht unerwidert geblieben sein.[126]) Aber die Eltern des Mädchens waren gegen die Verbindung.[127]) Und Hölderlin selbst fürchtete — wie bei Luise Nast —, ein näheres Verhältnis könnte seine dichterische Entwicklung hemmen.[128]) Er schreibt im Winter 1791/92 an Neuffer:[129]) „Du und die holde Gestalt erscheinen mir wol in helleren Stunden. Aber die lieben Gäste finden eben keinen gar freundlichen Wirth. Mit meinen Hofnungen bin ich fertig geworden, wie ich's wollte."

Er nahm sich vor, nur selten an das „sanfte schöne Wesen" zu denken. Aber es fiel ihm schwer. „Ganz leise" bat er sie um ihre Freundschaft. Dies teilt er Neuffer im Spätsommer 1792 mit und setzt hinzu: „Weiter kan ich nichts wollen".[130])

Nachdem Hölderlin Tübingen verlassen hatte, wechselte er noch Briefe mit dem Mädchen, aber er sah jetzt mehr und mehr ein, daß sie nicht zusammenpaßten, er hatte in der Begeisterung der Liebe sein Ideal in die Geliebte „übertragen". Am 26. Dezember 1794 schreibt er von Jena an seine Mutter:[131]) „Meiner Freundin in T. schreib' ich heute noch. Ich gestehe Ihnen, daß ich nach allem, wie ich sie beurteilen muß, nicht wünschen kann, ein engeres Verhältnis mit ihr geknüpft zu haben, oder noch zu knüpfen. Ich schäze manche gute Eigenschaften an ihr. Aber ich glaube nicht, daß wir zusammen taugten. Und so schreib ich ohne irgend eine Ursache als aus der einzigen, weil ich indessen oft unbefangen über ihren Karakter und ihr ehmaliges Benehmen gegen mich nachdachte. Nicht, als wär' es je schlimm gewesen, aber es war nicht so, um mich zu einer unwiederruflichen Wahl bestimmen zu können."

Und am 19. Januar 1795 schreibt er an Neuffer:[132]) „Du fragst mich, wie es sich mit meiner Tübinger Geschichte verhalte? Wie immer. Ich sagte Dir noch vor meiner Abreise, wenn ich mich recht erinnere, daß ich mit dem guten Kinde manche frohe Stunde gehabt, auch freilich manche bittre, daß ich aber, so wie ich sie näher hätte kennen lernen eine engere Verbindung nie hätte wünschen können. Ich hab' ihr vor kurzem noch geschrieben, so wie man aber in der Welt manche Briefe schreibt. Guter Gott! es waren seelige Tage, da ich, ohne sie zu kennen, mein Ideal in sie übertrug, und über meine Unwürdigkeit trauerte."

Die beiden schieden ohne Bitterkeit voneinander.[133]) Am 28. Oktober 1799 verheiratete sich Elise Lebret mit dem Pfarrer M. Wilhelm Friedrich O s t e r t a g. Auf die Nachricht davon schrieb Hölderlin an seine Mutter:[134]) „Es freut mich, daß die gute Lebret einen so guten Mann sich wählte, wie Ostertag ist."

Und doch ließ dieses Erlebnis in der Seele Hölderlins einen Stachel zurück; ganz besonders wenn er sich mit dem Freunde verglich, war es ihm, wie wenn über ihm selbst ein dunkles Verhängnis schwebte, durch das bestimmt war, daß er nie durch Liebe glücklich werden sollte. Am 28. April 1795 schreibt er an Neuffer:[135])

„Diesen Sommer wenigstens werd' ich ganz in Ruhe und Unabhängigkeit leben. Aber wie der Mensch ist! es fehlt ihm immer etwas, auch mir — und das bist Du, vielleicht auch ein Wesen, wie Dein Röschen ist. Es ist sonderbar — ich soll wahrscheinlich nie lieben, als im Traume. War das nicht bisher mein Fall? und seit ich Augen habe, lieb' ich gar nicht mehr. Es ist nicht, als wollt' ich mich von allen Bekanntschaften lossagen — gelegentlich! Du wolltest mir einmal von der Lebretin schreiben, thue es doch! — aber halte das gegen Deine Liebe, und ihre Freuden und Schmerzen und bedaure mich!" —

Hölderlin hatte im Tübinger Stift mancherlei erlebt. Mit heiterem Sinn, im Glück der ersten Liebe, voll froher Hoffnung war er einst nach Tübingen gekommen. Und es schien anfänglich, als ob er sich hier wohl fühlen würde. Er fand im Stift einen Lehrer, der ihm besonders zusagte. Die Beschäftigung mit der klassischen Literatur und mit den großen Denkern der Geschichte entsprach seiner Neigung. Ein erlesener

Kreis von Freunden nahm ihn auf, sie liebten ihn, pflegten die Anlagen seines Gemüts und ergänzten sie in seltener Weise.

Aber je länger, je mehr empfand er es bitter, daß er sich hier auf einen Beruf vorzubereiten hatte, dem er innerlich fremd gegenüberstand. Er fühlte sich beengt durch die Einrichtungen einer Anstalt, die für tausend andere passen mochten, aber nicht für ihn. Dazu kamen die Leiden unglücklicher Liebe. Der früh erhoffte Ruhm blieb aus. Seine Seele war in Gefahr, bitter zu werden. Nur eins erhielt ihn: über dem öden Alltagsleben baute er sich eine ideale, geistige Welt und lebte in ihr.

Anmerkungen zum I. Abschnitt.

[1]) Vgl. Schmoller, Die Anfänge des theol. Stipendiums in Tübingen 1893, R. J. Hartmann, Das Tübinger Stift 1918 und M. Leube, Geschichte des Tübinger Stifts im 16. und 17. Jahrhundert 1921.

[2]) Schmoller, S. 3 ff.

[3]) Schmoller, S. 7 ff., 10 ff. und Leube, S. 8.

[4]) Klaiber, S. 154.

[5]) Klaiber, S. 213.

[6]) Fritz-Schneiderhan, S. 39.

[7]) Inspekt.-Bericht d. Stiftsregistratur vom 11. Mai 1789.

[8]) Fritz-Schneiderhan, S. 32 f.

[9]) Schnurrer, S. 512 f.

[10]) Fritz-Schneiderhan, S. 33.

[11]) Schnurrer, S. 508.

[12]) Stuttg. Landesbibliothek, Cod. poët. et phil. Fol. 63, I, 1. Vgl. Schwab II, S. 274 f. und Lehmann 1909, S. 11. „Holz" ist Hölderlins Cerevisname.

[13]) Haug, Zust., S. 707.

[14]) Insp.-Bericht vom 11. Mai 1789.

[15]) Haug, Zust., S. 707.

[16]) Insp.-Bericht vom 11. Mai 1789. Vgl. Fritz-Schneiderhan, S. 37.

[17]) Fritz-Schneiderhan, S. 38.

[18]) Vgl. Klaiber, S. 159.

[19]) Vgl. Schnurrer, S. 510.

[20]) Semester-Berichte d. Stiftsregistr. 1788—93.

[21]) Vgl. Chr. Fr. Weber, Chr. Fr. Schnurrers Leben, Charakter und Verdienste 1823; Duttenhofers Leichenrede für Schnurrer und G. L. Plitt, Aus Schellings Leben. In Briefen. I. Bd. 1775 bis 1803 Leipzig 1869, S. 26 f.

[22]) Sem.-Ber. der Stiftsreg. 1788—93.

[23]) Vgl. den Artikel von Reinhard im Schwäb. Museum, hrsg. v. J. M. Armbruster I. 1785, S. 278.

[24]) Vgl. meine Ausgabe derselben in: „Hölderlin. Neuaufgefundene Jugendarbeiten", mitget. v. W. Betzendörfer und Th. Haering d. J., erscheint im Verlag „Der Bund" in Nürnberg 1921.

[25]) St. 1752, S. 8 und 20.

[26]) St. 1704, S. 34 f.; St. 1752, S. 7.
[27]) St. 1752, S. 9.
[28]) Haug, Zust., S. 710.
[29]) St. 1752, S. 14; Böck, S. 299.
[30]) St. 1704, S. 46.
[31]) St. 1704, S. 47; St. 1752, S. 15.
[32]) St. 1704, S. 47 f.
[33]) St. 1752, S. 22.
[34]) St. 1704, S. 48; St. 1752, S. 21.
[35]) St. 1704, S. 54 f.; St. 1752, S. 21.
[36]) St. 1752, S. 17, 63 f.
[37]) Zeller, S. 221.
[38]) Hirzel, S. 119.
[39]) St. 1704, S. 52.
[40]) Auch von Klaiber (S. 183) abgedruckt.
[41]) Binder I, 2, S. 373; Sem.-Ber. d. Stiftsreg, 1788—93.
[42]) A. Knapp, Sechs Lebensbilder, Ges. pros. Schriften 1875, II., S. 233—340; P.R.E. 3, S. 479; A.D.B. IV. 1876, S. 740 f.
[43]) A. Knapp, op. cit., S. 250.
[44]) Camerer, Beiträge zur Geschichte des Stuttgarter Gymnasiums 1834, S. 36—38; E.-Gr. I, S. 379; Gradmann, S. 18 f.
[45]) Mag.-Progr. d. Tüb. Univ. 1790.
[46]) Gradmann, S. 161 f.; E.-Gr. I, 52, 3—4; A.D.B. VIII. 1878, S. 285.
[47]) Über Conz handeln: E. Planck, Die Lyriker des Schwäbischen Klassizismus 1896, S. 18 ff., J. Hartmann, Schillers Jugendfreunde 1904, S. 16 ff., G. Cleß, Der schwäb. Dichter C. Ph. Conz, Tüb. Diss. 1913, H. Schneider, Uhland 1920. Vgl. auch die Grabrede für Conz von C. G. F. Sarwey, Tüb. 1827, ferner Gradmann, S. 85 ff. und Klüpfel, S. 212.
[48]) Bericht d. Stiftsreg. vom 27. VIII. 1789.
[49]) E. Litzmann Nr. 44.
[50]) Sarwey, Grabrede S. 15.
[51]) Magisterprogramm 1790 und E. Litzmann Nr. 48.
[52]) S. 37.
[53]) Schillers Leben 1840, S. 462.
[54]) E. Litzmann Nr. 147.
[55]) E. Litzmann, S. 652, 660.
[56]) Semest.-Ber. d. Stiftsreg. Martini 1790.
[57]) Haug, G. W., S. 61, Böck, S. 249.
[58]) Magisterprogramm 1785.
[59]) Jahrbücher der Gegenwart, hrsg. v. A. Schwegler 1844, S. 678.
[60]) Magisterbuch 1794, S. 91: „ad medicinam transiit 92".
[61]) Magisterbuch 1794, S. 91; Mag.-Progr. 1785; Athenäum IV., S. 109 ff.; A.D.B. 37, S. 184 ff.

62) Semesterberichte d. Stiftsreg. 1788—93.

63) Testimonia Examinandorum 1793 der Stiftsregistratur. Hegels Zeugnis lautete: „Valetudo non constans. Statura media. Eloquium haud gratum. Gestus pauci. Ingenium bonum. Judicium excultum. Memoria tenax. Scriptio lectu non difficilis. Mores recti. Industria nonnumquam interrupta. Opes sufficientes. Studia theologica non neglexit. Orationem sacram non sine studio elaboravit, in recitanda non magnus orator visus. Philologiae non ignarus. Philosophiae multam operam impendit." Von einem angeblichen Zeugnis: „Philosophus nullus" findet sich in den Akten nichts!

64) St. 1752, S. 25.

65) St. 1704, S. 11.

66) Reinhard, S. 274 ff.

67) E. Litzmann Nr. 66.

68) Reinhard, S. 276.

69) Reinhard, S. 251.

70) St. 1704, S. 58.

71) St. 1752, S. 19.

72) St. 1704, S. 76; 1752, S. 73.

73) St. 1752, S. 15.

74) Reinhard, S. 282.

75) St. 1752, S. 29.

76) E. Litzmann Nr. 33.

77) Haug, Zust., S. 707.

78) St. 1752, S. 28.

79) Böck, S. 305.

80) Schwab II, S. 277.

81) Bilder aus dem Tübinger Leben. Aus dem lit. Nachlaß Ph. J. von Rehfues, Ztschr. f. d. Kulturgesch. N. F. III. Jahrg. 1874, S. 99—120. Vgl. Klaiber, S. 208 und E. Litzmann, S. 70.

82) St. 1757, S. 37 f.

83) Insp.-Ber. d. Stiftsreg. v. 5. Juni 1790.

84) St. 1752, S. 34.

85) Rezeß vom 15. Dezember 1710. Vgl. Schnurrer, S. 522.

86) Schnurrer, S. 523.

87) Im Ausleihbuch jener Zeit sind nur die Nummern der betr. Bände (VI. und VII.) angegeben, nicht aber die Ausgabe, der diese Bände angehörten. Doch kann es nach dem alten Katalog der Stiftsbibliothek nur die (heute noch vorhandene), von Chr. Heinr. Freiherrn v. Palm gestiftete, mit der Interpretation des Marsilius Ficinus versehene Zweibrückener Ausgabe von 1781—87 gewesen sein. Die genannten Bände (VI. u. VII.) enthalten außer Politikus und Minos: den Staat.

88) St. 1704, S. 12.
89) St. 1752, S. 43.
90) Inspekt.-Ber. d. Stiftsreg. v. 5. Juni 1790.
91) Aus demselben Bericht.
92) St. 1752, S. 28.
93) Inspekt.-Ber. d. Stiftsreg. v. 5. Juni 1790.
94) St. 1752, S. 33 f.
95) Reinhard, S. 282.
96) St. 1752, S. 40.
97) St. 1752, S. 44.
98) St. 1752, S. 35.
99) St. 1752, S. 44 f.
100) Vgl. Schwab II, S. 277 f.
101) Reinhard, S. 286 f., Haug, Zust., S. 714, Böck, S. 303.
102) Reinhard, S. 286 f.
103) S. 279.
104) S. 173.
105) Leider konnte ich die von Klaiber benützte Quelle: „Tabellarischer Extrakt aus dem unterthänigsten Gutachten des Herzogl. Geheimen Raths-Collegii und Herzoglichen Consistorii, den Votis einzelner Glieder Herzoglichen Consistorii und den gutächtlichen Aeußerungen des Kanzlers, der Supperattendenten und des Ephori, die bessere Einrichtung des theologischen Stifts zu Tübingen betreffend" (Klaiber S. 173) nicht mehr bekommen.
106) Schnurrer, S. 526 ff.; Klüpfel S. 263 f.; Klaiber, S. 173.
107) Klaiber, S. 176 f.
108) Klaiber, S. 175 f.
109) C. Litzmann Nr. 33.
110) C. Litzmann Nr. 61.
111) C. Litzmann Nr. 33.
112) C. Litzmann Nr. 33.
113) C. Litzmann Nr. 45.
114) C. Litzmann Nr. 33.
115) C. Litzmann Nr. 64.
116) S. 286 f.
117) C. Litzmann Nr. 74.
118) C. Litzmann Nr. 62.
119) Protokoll d. Stiftsregistr. von 1789, S. 35. Vgl. Klaiber, S. 206 f.
120) S. 279.
121) C. Litzmann Nr. 52.
122) C. Litzmann Nr. 33, 34 und 61. Vgl. dazu Seebaß I, S. 216 f.
123) C. Litzmann Nr. 54.
124) C. Litzmann Nr. 32.
125) C. Litzmann Nr. 44.

Anmerkungen zum II. Abschnitt.

1) Böck, S. 299.
2) „6. Dn. Johannes Christ. Frider. Hoelderlin, Lauffensis." Baccal.-Progr. 1788.
3) U. 1783, S. 8; Eisenlohr, S. 388.
4) U. 1783, S. 10 f.
5) Eisenlohr, S. 379; St. 1793, S. 9.
6) Insp.-Berichte d. Stiftsreg. v. 1790, S. 12 f.
7) U. 1783, S. 9.
8) U. 1783, S. 9.
9) U. 1783, S. 8.
10) Ordo praelect. Tub. 1778—1800; Haug, Zust. II, S. 359 f.; Haug, G. W., S. 45 f.; Moser, S. 98 ff.; Binder, S. 372; Gradmann, S. 49 f.; Klüpfel, S. 209.
11) Aus Schellings Leben. In Briefen. I. 1775—1803. Leipzig 1869, S. 27.
12) Siehe oben Seite 16 ff.
13) Ordo praelect. Tub. 1778—1800; Haug, Zust. II, S. 361; Haug, G. W., S. 156 f.; Athenäum I, S. 3 ff.; Gradmann, S. 513 f., Klüpfel, S. 211.
14) Ordo praelect. Tub. 1778—1800; Haug, G. W., S. 142; Athen. I, S. 11 ff.; Gradmann, S. 456; Klüpfel, S. 214 f.
15) Ordo praelect. Tub. 1778—1800; Haug, G. W., S. 71; Athen. I, S. 20 ff.; Gradmann, S. 149 f.; Klüpfel, S. 231 ff.; Weizsäcker, S. 127 f.
16) C. Litzmann Nr. 60.
17) St. 1704, S. 40; St. 1752, S. 13 ff.
18) St. 1704, S. 44; St. 1752, S. 14 ff.
19) S. 266.
20) C. Litzmann Nr. 42.
21) Magist.-Progr. 1790; Reinhard, S. 267 f.; St. 1793, S. 12.
22) Vgl. dazu J. H. Fichte, Hegels Magisterdissertation und sein Verhältnis zu Schelling. Ztschr. f. Philos. und spekul. Theol. XII. 1844, S. 142 ff. und meine Ausgabe von Hölderlins Magisterarbeiten in: „Hölderlin. Neuaufgefundene Jugendarbeiten," mitget. von W. Betzendörfer und Th. Haering d. J., (Verlag „Der Bund", Nürnberg 1921).
23) S. 269.
24) Reinhard, S. 269.
25) Reinhard, S. 270.
26) Vgl. meine Ausgabe der beiden Magisterarbeiten Hölderlins.
27) Reinhard, S. 271.

[28]) Lebret, Kurze Biographie, von ihm selbst verf. 1796; J. J. Moser, Wirt. Gelehrt.-Lexicon 1772, S. 3 ff.; Gradmann, S. 62 ff.; Klüpfel, S. 211 f.; Weizsäcker, S. 127; Aus Schellings Leben, S. 52; G. Maisch, J. Fr. Lebret, Beil. d. Staatsanzeigers für Württbg. 1892. Nr. 11 und 12, S. 168 f.; dazu: Ordo praelect. Tub. 1778 bis 1800.

[29]) Epitome Theologiae Christianae 1789.

[30]) Christl. Kirchengeschichte 1768(—1810).

[31]) Anweisung z. Kenntniß der besten allg. Bücher in allen Theilen d. Theologie.

[32]) Allgem. Geschichte der christl. Kirche.

[33]) Moser, Gelehrten-Lexicon, S. 167 ff.; Haug, G. W., S. 191 ff.; Haug, Zust., S. 349; Gradmann, S. 691 f.; Klüpfel, S. 210; Weizsäcker, S. 127. Dazu: Ordo prael. Tub. 1778 bis 1800 und G. H. Müller, Gedächtnisrede für L. J. Uhland 1803.

[34]) Erläuterungen der christl. Altertümer 1768.

[35]) Moser, Gelehrten-Lexicon, S. 79; Haug, G. W., S. 185 f.; Haug, Zust., S. 350 f., Athen. IV., S. 42 ff.; Gottl. Chr. Storrs Sonn- und Festtagspredigten, hrsg. von F. G. Süßkind und J. F. Flatt 1807, II, S. 1—40; Gradmann, S. 660 ff.; Klüpfel S. 216 ff.; Aus Schellings Leben, S. 50, Weizsäcker, S. 127 ff. Dazu: Ordo prael. Tub. 1778—1800 und die Werke Storrs, besonders sein Lehrbuch der christl. Dogmatik.

[36]) P.R.E. XX, S. 153 (Landerer-Kirn).

[37]) Institutio interpretis Novi Testamenti 1761.

[38]) Haug, Zust., S. 351; Gradmann, S. 347 f.; Weizsäcker, S. 127 f.; dazu: Ord. prael. Tub. 1778—1800.

[39]) Siehe oben Seite 45 f.

[40]) Kurzer Entwurf der christl. Sittenlehre 1789.

[41]) St. 1752, S. 50.

[42]) St. 1793, S. 14.

[43]) St. 1752, S. 50; Böck, S. 300 und 305.

[44]) St. 1793, S. 14.

[45]) St. 1793, S. 15.

[46]) St. 1752, S. 51; St. 1757, S. 30.

[47]) St. 1793, § 22.

[48]) C. Litzmann Nr. 52.

[49]) St. 1752, S. 51; St. 1757, S. 30.

[50]) St. 1793, S. 16.

[51]) St. 1704, S. 41 ff.; St. 1752, S. 50; St. 1757, S. 29; St. 1793, S. 13 f.

[52]) C. Litzmann Nr. 41.

[53]) C. Litzmann Nr. 44.

[54]) C. Litzmann Nr. 66.

[55]) C. Litzmann Nr. 44.

56) Siehe oben Seite 28 f.
57) C. Litzmann Nr. 66.
58) Seebaß I, S. 153.
59) C. Litzmann Nr. 68.
60) C. Litzmann Nr. 54.
61) Vgl. dazu den Auszug von Hölderlins Hand in der Stuttgarter Landesbibliothek.
62) C. Litzmann Nr. 47.
63) „Moses Mendelssohn, der Weise und der Mensch."
64) Schwab II, S. 280 und 287. Vgl. F. Hemsterhuis, Philos. Schriften, hrsg. von J. Hilß 1912, bes. S. XV., ferner Jacobis Briefe an Mendelssohn, 2. Afl., (Vorrede) XII und S. 307 ff.
65) C. Litzmann Nr. 54.
66) Jahrbücher der Gegenwart, hrsg. v. A. Schwegler, 1844, S. 678.
67) C. Litzmann Nr. 66.
68) C. Litzmann Nr. 147.
69) Jahrbücher der Gegenwart 1844, S. 678.
70) C. Litzmann Nr. 67.
71) C. Litzmann Nr. 192.
72) Vgl. Th. Reuß, Heinse und Hölderlin, Tüb. Diss. 1906.
73) Vgl. Seebaß I, S. 102 und W. Heinse, Ardinghello und die glückseeligen Inseln, Sämtliche Werke, hrsg. v. Carl Schüddekopf, Leipzig, Inselverlag 1902, S. 283.

Anmerkungen zum III. Abschnitt.

1) C. Litzmann Nr. 54.
2) Vgl. besonders das Lied der Freundschaft und die Hymne an die Freundschaft (Seebaß I, S. 83 ff. und S. 134 ff., sowie Lehmann 1909, S. 43 f.).
3) Worte Magenaus, Schwäb. Kronik 1846 Nr. 143, S. 589.
4) Mit Magenau war Hölderlin schon in Maulbronn bekannt geworden, aber zu einer Freundschaft zwischen beiden kam es erst im Stift.
5) C. Litzmann Nr. 30, 54, 57, 61, 66, 68, 75, 76; Seebaß I, S. 144.
6) C. Litzmann Nr. 66.
7) C. Litzmann Nr. 57.
8) C. Litzmann Nr. 68 und 108.
9) C. Litzmann Nr. 61.
10) C. Litzmann Nr. 66.
11) Vgl. Mag. Progr. 1788; Schwäb. Kronik 1839; Nr. 941 und 949 (S. 937 ff.), A.D.B. XXIII, 1886, S. 491 f. (H. Fischer) und L. Planck, Die Lyriker des Schwäb. Klassizismus 1896, S. 40 ff.
12) Poëtische Schriften 1827, I, S. 267 ff.

13) C. Litzmann Nr. 68.
14) Lehmann 1909, S. 11 und Litzmann Nr. 47.
15) Christl. Urania 1820, S. 148.
16) C. Litzmann Nr. 96.
17) C. Litzmann Nr. 30.
18) A.D.B. 1893, XXXV, S. 514 ff. und E. Planck, Die Lyriker des Schwäb. Klassizism. 1896, S. 7 ff.
19) C. Litzmann Nr. 61; vgl. Seebaß I, S. 216.
20) C. Litzmann Nr. 66.
21) C. Litzmann Nr. 68.
22) C. Litzmann Nr. 68 und 43.
23) C. Litzmann Nr. 57.
24) C. Litzmann Nr. 68.
25) Gedichte 1805, An die Ruhe 1788, S. 16.
26) Seebaß I, S. 144 f. und S. 369.
27) C. Litzmann Nr. 108.
28) Seebaß I, S. 159.
29) Seebaß I, S. 160.
30) C. Litzmann Nr. 108.
31) Lebensgenuß, an Neuffer, Seebaß I, S. 161.
32) Vgl. dazu: Mag.-Progr. 1788, Schwäb. Kronik 1846, Nr. 143, S. 589; A.D.B. XX, 1884, S. 56 f.; E. Planck, Die Lyriker usw. 1896, S. 41; Seebaß, Neues aus Hölderlins Studienzeit in Tübingen, Zeitschrift für Bücherfreunde 1917, N. F. VIII. Jahrgang, S. 302. Dazu Magenaus Gedichte 1795.
33) C. Litzmann Nr. 23.
34) C. Litzmann Nr. 65.
35) „Mein Saitenspiel", Gedichte 1795, S. 20. Vgl. dazu den poët. Brief an Neuffer vom 15. Novbr. 1790. Stuttgarter Landesbibliothek, Cod. poët. et phil. fol.63 , I, 1.
36) C. Litzmann Nr. 37.
37) Handschrift der Stuttgarter Landesbibliothek, Cod. hist. 40. 447.
38) Magenaus Gedichte 1795, S. 103 ff. und Tübingen im Munde der Dichter, 1477—1877, 2. Afl. 1879, S. 24 ff.
39) Dort hatte sich auch Gotthold Stäudlin so gern aufgehalten; vgl. sein Gedicht: „Tübingen auf dem Schloßberge" 1784, Gedichte II. 1791, S. 265.
40) Seebaß, Zeitschrift für Bücherfreunde 1917. N. F. VIII. Jahrg., S. 302 f.
41) Der Philosophenbrunnen ist heute noch zu sehen, er befindet sich am Ende der Gartenstraße, neben der Wirtschaft zum „Felsenkeller". Von einem alten Tübinger Bürger ließ ich mir erzählen, daß Hölderlin auch in der Zeit seiner Umnachtung mit besonderer Vorliebe dorthin gegangen sei. Vgl. Klüpfel-Eifert, Geschichte und Beschreibung der Stadt und Universität Tübingen 1849, S. 248.

[42]) Stuttgarter Landesbibliothek, Cod. poët. et phil. fol. 63, I, 1; vgl. die Ausgabe von Löffler im „Schwabenspiegel", Wochenschrift der „Württemberger Zeitung", 23. und 30. Januar 1912.

[43]) Magenau schreibt Rosen mit ſʒ, wie er auch Busen und leise mit ſʒ schreibt.

[44]) Die folgenden Verse lauteten ursprünglich (jetzt durchstrichen):

„Schaft aus frohen Zechern hie
Weise Zukunftsseher:
Schon entglüht das Feuer
Unsers Busens freier
Bei des Bundes Feier" . . . . . .

[45]) Die folgenden Verse lauteten urspr. (jetzt durchstrichen):

„Heil dem edlen Rebensaft
Der aus Zechern Seher schaft" . . . . . .

[46]) Urspr. (jetzt durchstrichen) lautete der Chorgesang:

„Hört den Schwur mit Herz und Mund
Ewig daure dieser Bund."

[47]) Vgl. Seebaß I, S. 83 ff. und 356.

[48]) Vgl. Seebaß I, S. 86 ff. und 357.

[49]) Urspr. (jetzt durchstrichen) hieß es: „Mann" statt: „Freund".

[50]) Urspr. (jetzt durchstrichen) hieß es: „lüd" statt: „rief".

[51]) Vgl. Seebaß I, S. 88 und 357.

[52]) C. Litzmann Nr. 44.

[53]) C. Litzmann Nr. 44.

[54]) Vgl. dazu das Stammbuch Hegels aus seiner Tübinger Zeit, Tübinger Universitätsbibliothek Mh 858; die Semesterberichte, Inspektoratsprotokolle und Testimonia examinadorum der Stiftsregistratur, 1788—93; das Mag.-Programm v. 1790; ferner: Zeitschrift für die elegante Welt 1839, S. 137 ff. und 146 ff.; Prutz, Literarhistor. Taschenbuch 1843, S. 89 ff.; Jahrbücher der Gegenwart hrsg. v. A. Schwegler 1844, S. 675 ff.; Rosenkranz, Hegels Leben 1844, Haym, Hegel und seine Zeit 1857; Klaiber, op. cit. C. Litzmann, op. cit. S. 78 ff.; K. Fischer, Geschichte d. neuer. Philosophie VIII. 1901; W. Dilthey, Die Jugendgeschichte Hegels, Abhandlungen d. Berlin. Akad. d. Wiss. 1905, IV.; Zinkernagel, Die Entwicklungsgeschichte von Hölderlins Hyperion, Quellen und Forschungen z. Sprach- und Culturgeschichte d. germ. Völker, Bd. 99, 1907; Hegels theol. Jugendschriften, hrsg. v. H. Nohl 1907 und Mönius, Hölderlin als Philosoph, Erlang. Diss. 1919, S. 73 ff.

[55]) Vgl. die Akten der Stiftsregistratur 1788—93; Mag.-

Progr. 1792; die Biographie Schellings von seinem Sohn in: „Aus Schellings Leben". In Briefen, I, 1775—1803, Leipzig 1869, hrsg. von Plitt; Klaiber, bes. S. 211 ff.; C. Litzmann, S. 84 ff.; K. Fischer, Gesch. d. neuer. Philos. VI. Band I. 1872 und die Werke Schellings.

56) S. 259.

57) S. 21.

58) S. 21 f.

59) Leben, S. 26.

60) Gradmann, S. 3.

61) Werke I. Bd. 1856, S. 1 ff.

62) Vgl. die entsprechende Stelle in dem Auszug dieses Buches von Hölderlins Hand (Stuttg. Landesbibl. Cod. poët. et phil. fol. 63, III, 13): „Leßing war ein Spinozist. pag. 2. Die orthodoxen Begriffe von der Gottheit waren nicht für ihn. Er konnte sie nicht genießen. *Ενκαι παν*! Anders wußte er nichts. Sollte er sich nach jemand nennen, so wußte er keinen andern als Spinoza. pag. 12." Mit diesen Worten beginnt Hölderlin sein Excerpt der 1. Afl.

63) Das Manuskript befindet sich in der Tübinger Universitätsbibliothek.

64) C. Litzmann Nr. 21, S. 58.

65) Schwab II, S. 267 f.; C. Litzmann, S. 8 f., W. Böhm, Werke Hölderlins II., S. 210.

66) Vgl. z. B. C. Litzmann Nr. 32.

67) Kritik der reinen Vernunft, Reclam, S. 467.

68) C. Litzmann Nr. 50.

69) Vgl. G. Chr. Storr's Lehrbuch d. chr. Dogmatik, hrsg. v. C. Chr. Flatt 1803, § 6—8.

70) Zinkernagel, Entwicklungsgesch. d. Hyperion, S. 52 und 149.

71) Vgl. Zinkernagel, Entw.-Gesch. d. Hyperion, S. 52 und F. Hölderlin, Sämtl. Werke und Briefe II, S. 240 ff.

72) C. Litzmann Nr. 70.

73) Vgl. C. Litzmann Nr. 72 und die Hymnen aus dieser Zeit. Dazu Lehmann 1909.

74) Vgl. dazu Schillers Don Carlos III, 10 und Zinkernagel, Entw.-Gesch. d. Hyperion, S. 10.

75) Hymne an den Genius Griechenlands, Seebaß I, S. 98 ff.

76) Hymne an die Freiheit, Seebaß I, S. 129 ff.

77) Vgl. dazu K. Schwartz, Landgraf Friedrich V. von Hessen Homburg, 2. Afl. 1888; A.D.B. XXXIV, 1892, S. 387 ff.; C. Litzmann, S. 89 ff.; K. Hengsberger, Isaac v. Sinclair, Germ. Stud. 5, 1920.

78) Chr. Fr. Hiller, geb. am 27. Mai 1769 als Sohn des Pfarrers J. G. Hiller in Nordheim, war Hospes im Maulbronner Seminar gewesen und hatte dort Hölderlin kennen gelernt. Er gehörte dessen Jahres-

abteilung an. In Tübingen war er Nichtstiftler („Oppidanus"), studierte aber, wie Hölderlin, in den ersten 2 Jahren in der philos. Fakultät, besuchte mit Hölderlin „praeter consueta": die Vorlesungen von Flatt und magistrierte zu gleicher Zeit. Das eine seiner Specimina war betitelt: „Ideen über einen ewigen Frieden". Als er 1793 nach Amerika reisen wollte, widmete Hölderlin ihm das Gedicht: „An Hiller" (Seebaß I, S. 145 ff. und 369 f.). Vgl. Mag.-Progr. 1790.

[79]) Wahrscheinlich J. D. G. Memminger, der spätere bekannte württ. Geograph und Statistiker, der — 1773 geb. — allerdings erst seit Wintersemester 1794/95 in Tübingen studierte, aber damals vermutlich bei seinen Eltern, die in Tübingen wohnten, die Vakanz verbrachte. Vgl. Baccal.-Progr. 1794 und Mag.-Progr. 1796.

[80]) Vgl. Lehmann 1909, S. 38; Seebaß I, S. 245 und 364.

[81]) C. Litzmann Nr. 53 und Seebaß I., S. 244 f.

[82]) Seebaß I, S. 119, 146 und 364.

[83]) C. Litzmann, S. 92; Seebaß I, S. 116 f. und 364.

[84]) Zeitg. f. d. elegante Welt 1839, S. 147 (Bericht von Hegels Stiftsgenossen Leutwein).

[85]) Vgl. die Gedichte: Burg Tübingen, Seebaß, S. 81 f.; Lied der Freundschaft, S. 83 ff.; Lied der Liebe, S. 86 ff., Hymne an die Unsterblichkeit, S. 90 ff.; Melodie an Lyda, S. 95 f. und bes. die beiden Hymnen an die Freiheit, S. 112 ff. und S. 129 ff. und die Hymne an die Menschheit, S. 120 ff.

[86]) Vgl. Klaiber, S. 198.

[87]) Vgl. Schellings Leben, S. 31 f.

[88]) Zeitung für d. eleg. Welt 1839, S. 147; Klüpfel, S. 268; J. G. Fischer, „Der verhängnisvolle Tanz," Gedichte 1854, S. 156; Zinkernagel, Entw.-Gesch. d. Hyperion, S. 6.

[89]) Schellings Leben, S. 31 f.; Klüpfel, S. 268.

[90]) Vgl. C. Litzmann Nr. 92.

[91]) Vgl. Dilthey, Jugendgeschichte Hegels, S. 16 f.

[92]) C. Litzmann Nr. 92.

[93]) Die Handschrift befindet sich in der Tübinger Universitätsbibliothek. Von ihr differieren an mehreren Stellen die Ausgaben v. Rosenkranz in: Prutz, Liter.-hist. Taschenbuch 1843, S. 99 ff. und in Hegels Leben 1844, S. 78 ff.

[94]) Vgl. Dilthey, Jugendgeschichte Hegels, S. 41 ff.

[95]) Der in Klammern gesetzte Abschnitt ist (von oben nach unten) durchstrichen!

[96]) Zeitschrift für Bücherfreunde 1917, N. F. VIII, S. 302 f.

[97]) Auch die Beziehungen zu L. von Seckendorf reichen bis in die Tübinger Studienzeit zurück.

Hölderlin widmete ihm folgenden Stammbuchvers:

„Es wölbt zu reinerem Genusse
Dem Dichter sich der Schönheit Heiligtum.
Er kostet oft, von ihrem Mutterkusse
Geläutert und gestärkt, Elysium;
Des Schaffens süße Lust, wie sie zu fülen,
Belauscht sie kün der zartgewebte Sinn,
Und magisch tönt von unsern Saitenspielen
Die Melodie der ernsten Meisterin."

Tüb. im Sept.
1792.

Zum Andenken von
Ihrem Freunde
M. Hölderlin."

Vgl. Seebaß I, S. 342, C. Litzmann, S. 624, ferner A.D.B. XXIII, 1891, S. 519.

98) C. Litzmann, Nr. 57, Seebaß I, S. 253 f.

99) Vgl. C. Litzmann, S. 16 und G. Lang „Friedrich Hölderlin in Maulbronn," Schwäb. Bund, März 1920, S. 577 ff.

100) C. Litzmann Nr. 14.

101) Seebaß I, S. 352.

102) Seebaß I, S. 56.

103) Seebaß I, S. 382.

104) C. Litzmann Nr. 36.

105) C. Litzmann Nr. 36.

106) C. Litzmann Nr. 29.

107) C. Litzmann Nr. 29.

108) C. Litzmann Nr. 36.

109) C. Litzmann Nr. 36.

110) C. Litzmann Nr. 36.

111) C. Litzmann Nr. 28.

112) C. Litzmann Nr. 28.

113) C. Litzmann Nr. 28.

114) C. Litzmann Nr. 35.

115) Lehmann 1909, S. 11. Vgl. C. Litzmann Nr. 47.

116) C. Litzmann Nr. 38, Seebaß I, S. 223 ff.

117) C. Litzmann Nr. 40.

118) C. Litzmann Nr. 55 und 56, Seebaß I, S. 251 ff. und 384.

119) Marie Elisabeth Lebret ist geboren am 7. Januar 1774 in Stuttgart. Am 28. Oktober 1799 verheiratete sie sich in Tübingen mit M. Wilhelm Friedrich Ostertag. Am 21. November zog das Ehepaar in Wolfenhausen OA. Rottenburg, wo Ostertag Pfarrer war, ein. Dort wurden ihm 4 Kinder geboren. 1814 wurde Ostertag nach Enzweihingen OA. Vaihingen, 1822 nach Aich OA. Nürtingen versetzt. Dort starb Elise Ostertag-Lebret am 24. September 1839 an Brustwassersucht nach 10monatlichem Leiden. Am 1. Juli 1840

setzte Ostertag sich zur Ruhe, im August 1840 zog er nach Stuttgart, dort starb er am 18. Februar 1845. Seine Tochter Caroline Auguste, geb. 24. IV. 1808 heiratete mit 18 Jahren den damaligen Oberregierungsrat, späteren württemb. Staatsminister Joh. von Schlayer. — Ich verdanke diese Mitteilungen der Güte von Frau Hauptmann Julie Lebret, Herrn Oberlandesgerichtsrat H. Fleischhauer, dem Urenkel von Hölderlins „Lyda" und Herrn Pfarrer K. Mörike in Aich.

120) C. Litzmann Nr. 47.

121) C. Litzmann Nr. 57.

122) C. Litzmann Nr. 66.

123) C. Litzmann Nr. 54.

124) Seebaß I, S. 94 f., S. 95 ff. und S. 101 f. Vgl. dazu Lehmann 1909, S. 25 ff. Wohl nach dem Vorbild Conzens gab Hölderlin der Geliebten den Namen „Lyda". Vgl. Conz, Gedichte 1792, S. 139.

125) „An Lyda", 2. Str., Seebaß I, S. 101.

126) Schwab II, S. 277.

127) Schwab II, S. 277.

128) Vgl. Lehmann 1909, S. 29.

129) C. Litzmann Nr. 57, Seebaß, S. 253 f.

130) C. Litzmann Nr. 64, Seebaß, I, S. 262.

131) C. Litzmann Nr. 98.

132) C. Litzmann Nr. 100.

133) C. Litzmann Nr. 122.

134) C. Litzmann Nr. 191.

135) C. Litzmann Nr. 107.

Zeitfracht Medien GmbH
Ferdinand-Jühlke-Straße 7
99095 Erfurt, Deutschland
produktsicherheit@kolibri360.de